KB110222

ABSOLUTE BEING

절대적 자아와
이기理氣경영

COSMIC MANAGEMENT

절대적 자아와 이기理氣경영

발행일   2016년 07월 15일

지은이   이 상 헌
펴낸이   손 형 국
펴낸곳   (주)북랩
편집인   선일영   편집   김향인, 권유선, 김예지, 김송이
디자인   이현수, 신혜림, 윤미리내, 임혜수   제작   박기성, 황동현, 구성우
마케팅   김회란, 박진관, 오선아
출판등록   2004. 12. 1(제2012-000051호)
주소   서울시 금천구 가산디지털 1로 168, 우림라이온스밸리 B동 B113, 114호
홈페이지   www.book.co.kr
전화번호   (02)2026-5777   팩스   (02)2026-5747

ISBN   979-11-5987-117-7 03190(종이책)   979-11-5987-118-4 05190(전자책)

이 도서의 국립중앙도서관 출판예정도서목록(CIP)은 서지정보유통지원시스템 홈페이지(http://seoji.nl.go.kr)와
국가자료공동목록시스템(http://www.nl.go.kr/kolisnet)에서 이용하실 수 있습니다.
(CIP제어번호 : CIP2016017080)

성공한 사람들은 예외없이 기개가 남다르다고 합니다.
어려움에도 꺾이지 않았던 당신의 의기를 책에 담아보지 않으시렵니까?
책으로 펴내고 싶은 원고를 메일(book@book.co.kr)로 보내주세요.
성공출판의 파트너 북랩이 함께하겠습니다.

절대적 자아와
이기理氣 경영

COSMIC MANAGEMENT

'절대적 자아'가 성공을 하는 것은
하늘의 기운과 통하기 때문이다!

| 이상헌 지음 |

"자신이 진정으로 원하고 그것이 세상에
도움이 될 수 있는 것이라면, 머뭇거리지 말고 뜻을 세워라.
뜻이 있는 곳에는 늙고 젊은 나이와 상관없이 반드시 길이 열린다."

― 본문 중에서

북랩 book Lab

성공은 '마음을 하늘의 중심天心'에

초점을 맞추고,

있음有에도 머물지 아니하고

없음無에도 머물지 아니하여

기氣의 기틀이 막힌 곳을 통하여 흐르도록 하면

이치理致가 나타나 완성을 이루는 것이다.

이를 이기경영理氣經營이라 하며,

'절대적 자아'가 천기를 움직여

성공을 이루는 우주의 원리다.

여는 글

모든 창조의 근원인 우주는 에너지로 이루어져 있다. 때문에 우주의 창조물인 인간을 포함한 세상 만물도 이름만 다를 뿐 그 본질은 모두 에너지이다. 이 사실은 아인슈타인 이후 현대 물리학이 입증하고 있다. 따라서 우주의 창조물인 사람은 우주의 마음이 개별화된 존재로서, 우주의 마음이 곧 인간의 본래 모습인 것이다.

허준의 동의보감도 그 가르침의 핵심은 '인간은 자연을 그대로 옮겨 놓은 소우주'라는 것이다. 그러므로 인간은 우주의 원리와 원칙에 따른 우주적 삶을 사는 것이 우리가 마땅히 행해야 할 바른 길道理이라고 말하고 있다. 때문에 인간이 목적한 바를 실현시키기 위해 하는 모든 행위가 우주의 원리 원칙에 따른 우주적 삶에 부합되어야 그 뜻을 이룰 수 있는 것이다.

성공을 위한 수많은 서적과 전문가 강의가 있지만, 현실적으로 성공이 쉽지 않은 것은 사람들이 이러한 우주의 섭리를 모른 채 인간적인 차원에서만 이루어 내려고 하는 데 그 원인이 있다. 즉 성공은 자신이 알고 있는 '앎의 세계'와 자기 입장과 주어진 여건 안에서 생각하는 편견과 집착으로 형성된 '인간적 자아'의 벽을 허물어뜨리지 않고는 이루어낼 수 없는 것이다.

우주의 궁극적인 목적은 끊임없는 성장과 진화다. 때문에 우주는 한순간도 정체되지 않고 자신이 창조한 삼라만상의 모든 것을 성장, 발전시킴으로써 진화하고자 한다. 때문에 우주의 창조물인 우리도 주어진 삶을 통해 끊임없이 성장하고 진화하는 데 궁극적 목적이 있다.

인간이 이러한 우주의 의지와 뜻에 부합된 '절대적 자아'가 되어 꼭 이루고자 하면 그것이 이루어질 수 있도록 천기도 따라 움직이게 된다. 그래서 성공이라는 현상이 현실에 나타나는 것이며, 이것이 바로 성공이 실현되는 메커니즘이다.

따라서 이 책은 성공의 실현을 위해 우주 원리와 원칙에 부합하는 마음 법칙을 토대로 서술했다. 또한 자신의 뜻을 펼치고자 하는 사람이 성공적으로 그 뜻을 실현시켜 나갈 수 있는 핵심 사항도 서술했다. 어려운 상황에 놓여 있는 사람들은 이 책을 읽으며 희망과 용기가 생길 것이며, 현재 조직을 보유하고 있는 리더는 새로운 비전을 갖고 도약할 수 있는 계기가 될 수 있을 것이다.

끝으로, 이 책은 크게 다음 세 가지로 분류하여 시술했다.

절대적 자아와 이기理氣경영

첫 번째, 성공이 실현될 수 있게 현실을 움직이는 마음의 법칙.

두 번째, 성공이 이루어질 수 있는 하늘의 기운을 이끌어 내는 우주 자연의 원리.

세 번째, 성공할 수 있는 리더가 갖추어야 할 품격과 덕목.

이는 시대가 바뀌어도 결코 변할 수 없는 시대를 초월한 우주 자연의 원리이자 법칙으로써 지고至高의 수양을 쌓는 일이라 할 수 있다. 아무쪼록 이 한 권의 책이 '인간적 자아'의 벽을 허물어뜨리고 자신이 목적한 바를 실현시킴으로써 여러분의 인생에 뜻깊은 성공과 보람을 안겨줄 수 있기를 바란다.

2016년 6월

지은이 이상헌

차례

II. 수신제가치국평천하

III. 성리학과 이기理氣경영

Ⅳ. 우주의 법칙

I

성공을 이끌어 내는
마음의 법칙

서문에서 밝혔듯이 우주의 창조물인 사람은 우주의 마음이 개별화된 존재다. 즉 사람과 우주의 마음은 다른 양상이지만 동일한 존재라는 것이다. 우주의 창조성이 개별화된 사람의 마음을 통해 현상 세계에 작용하듯, 개별화된 사람의 마음 또한 우주의 마음을 통해 이루고자 하는 것을 창조할 수 있는 것이다. 때문에 우리가 꼭 이루고자 하면, 그것이 실현되도록 천기도 내 마음을 따라 움직이는 것이다.

천기는 오로지 하나지만 그것의 작용과 나타남은 천태만상으로 다르다. 우리가 원하는 것을 실현시킬 수 있는 천기를 잡는 것은 바로 우리의 마음가짐 상태다. 따라서 성공이 이루어지기 위해서는 우주의 원리, 원칙에 부합하는 일련의 마음 법칙을 따라야 한다.

인간사의 흥망성쇠,
그 헤게모니는 우주에 있다

우주의 섭리란 우주가 자신의 창조물인 자연계를 지배하고 다스리는 원리 원칙으로서, 인간만사 세상의 모든 것은 우주의 섭리(자연의 섭리)에 의해 결정된다. 즉 인간사의 모든 흥망성쇠, 그 헤게모니(Hegemony)는 우주에 있는 것이다. 때문에 성공이란 꼭 이루고자 하는 나의 절대적인 단호함과 노력이 우주의 섭리에 의해 현실 세계에 작용되어 나타난 현상이다.

성공은 우주의 섭리로 결정되는 것이 90%, 인간이 할 수 있는 것이 대략 10%라고 할 수 있다. 이는 물론 인간의 노력이 소용없다는 것이 아니며, 흔히 말하는 운명론과는 다른 일이다. 오히려 그것은 자신에게 주어진 운명을 뛰어넘어 운명을 창조해 가는 것을 말한다. 진인사 대천명盡事待天命이라는, 인간이 할 수 있는 모든 노력을 다하고 의연하고 묵묵히 천명天命을 기다린다는 것과 상통하는 것이다. 즉 모든 가능성을 열기 위해 자신이 할 수 있는 최대한의 노력을 다함으로써 천기를 움직여 성공이 실현될 수 있게끔 하는 데 있다.

물론 하늘은 일벌레처럼 무작정 열심히 노력한다고 하여 움직이는 것이 아니다. 우주의 원리 원칙에 부합하는 일련의 마음 법칙에 따라야 한다. 인간이 해야 할 노력이란, 우주 대자연의 섭리에 거역하지 않고 순응하고 융화되어 인간으로서 마땅히 해야 할 바를 다하는 것을 말한다. 이것이 인간의 진정한 모습이며 그 결과로 성공할 수 있는 것이다. 이는 사업 경영에만 국한된 것이 아니다. 우리들의 일상적인 삶도 결국 이와 하나이기에 같은 줄기에 연결되어 있다.

절대적 자아와 이기理氣경영

지금부터 성공을 위해 우주 섭리에 순응하고 융화되어 인간으로서 마땅히 해야 할 바른 길을 말하고자 한다.

성공을 이끌어 내는 마음의 법칙

확고한 꿈과
포부를 가져라

우리나라 성리학의 태두泰斗 이율곡 선생은 "뜻이 서 있지 않고는 원하는 삶을 살 수 없고 어떤 일도 성공할 수 없다."라고 했다. 하지만 대부분의 사람들은 자기 인생의 목적이 무엇인지, 이 세상에서 궁극적으로 꼭 이루고자 하는 꿈이 무엇인지 뚜렷하게 알지 못한다. 만약 자신이 꼭 이루고자 하는 꿈이 무엇인지를 분명히 알고 있다면, 머뭇거림 없이 결정을 내려 다른 사람이 뭐라고 하든 크게 영향을 받지 않고 자신이 성취하고자 하는 것에 집중할 수 있을 것이다.

우리나라에서 가장 존경 받는 기업인 중 한 사람인 현대그룹 창시자 정주영 회장은 "뜻을 가지느냐, 가지지 않느냐가 가장 중요하다. 그리고 뜻을 가지고 이루지 못하는 것은 없다. 가능성에 대한 의심, 중도에서의 좌절, 독약과도 같은 부정적 회의만 없다면 누구든지 무슨 일이든지 뜻을 이룰 수 있다."고 했다. 일본 최고 경영자로 손꼽히는 '내쇼날 파나소닉'의 마쓰시타 고노스케 회장은 "뜻을 세우라. 진심으로, 진지하게 목숨을 걸 각오로 뜻을 세워야 한다. 그렇게 뜻을 확고히 세우면, 일은 벌써 반은 달성되었다고 해도 좋다."라고 했다.

자신이 진정으로 원하고 그것이 세상에 도움이 될 수 있는 것이라면, 머뭇거리지 말고 뜻을 세워라. 뜻이 있는 곳에는 늙고 젊은 나이와 상관없이 반드시 길이 열린다. 길이 열리지 않는다고 하는 것은 그 뜻을 미약하게 하는 무언가가 자신에게 있다고 보아야 한다. 그 부분을 과감하게 떨쳐내야 한다. 또한 자신의 모든 것을 걸 각오로 자신의 뜻을 세워라. 자기 뜻을 확고하게 세우면 원하는 세계가 머리에 그려지면서 꿈과 성취하고자 하는 열망이 생긴다.

그 꿈과 열망이 자신의 포부이자 뜻이나.

절대적 자아와 이기理氣경영

003

포부는 자신의 철학으로부터
나와야 한다

독일의 철학자 칸트는 자의식에 근거한 신념을 강조하면서 "개인의 궁극적인 목적은 자신에 의해 결정되어야 한다."고 했다. 즉 자신의 꿈과 포부는 자기의 철학으로부터 나와야 한다는 것이다. 중요한 것은 스스로의 뜻이며, 스스로의 태도이기 때문이다.

• 자신의 포부가 일시적인 세상의 흐름에 편승해 나온 것이라면, 그 흐름이란 수시로 변하는 것일뿐더러 성취하고자 하는 신념이라는 것이 허세로부터 나와 성과를 내

기 힘들다.

- 자신의 포부가 남과 비교하여 나온 것이라면 그 자체가 갈등이며 욕심으로서, 자기 분수에 넘치는 목표를 세우게 되어 달성하기 힘들 뿐 아니라 오히려 그로 인해 일에 휘둘려 자신의 몸과 마음이 피폐해지게 된다.

- 그러나 진정한 자신의 철학으로부터 나온 꿈과 포부는 이를 실현시키고자 하는 강한 열망과 절대적인 신념 그리고 사명감으로 확고한 포부를 가슴에 품게 되어 비전을 일으킨다.

인류 역사상, 명군名君은 자기가 명군이 되고자 하는 욕심 때문에 명군이 된 황제는 없었다. 명군은 나라를 튼튼히 하여 굳건하게 지키고 백성들의 삶을 더 풍요롭게 해야겠다는 자신의 진정한 철학에서 나온 것이다. 확고한 사명감을 가슴에 품고 있었기에 황제라는 위치에서 자신의 마음을 희생할 수 있었기에 이루어진 것이다.

　이와 같이 자기 철학에서 나온 '열망'과 욕심에서 나온 '욕망'은 겉보기에는 얼핏 비슷해 보이지만 다르다. 자신의 철학에서 나와 가슴에 품은 포부와 열망은 이를 실현시키기 위한 자기희생이 있지만, 욕망은 자기 힘만 믿고 자기를 과시하는 것이 목적인 진정성 없는 허세다. 즉 꿈과 포부는 진정한 자신의 철학으로부터 나와야 한다.

성공을 이끌어 내는 마음의 법칙

004

승산이 확실할 때
시작하라

이제 자신의 뜻을 펼치기 위해 '시작할 것인가'의 결단을 해야 할 중요한 단계다. 자기 나름대로의 적당한 전망이나 낙관적인 판단으로 무엇을 시작하거나, 무리라는 것을 알면서도 시작하면 뼈아픈 실패를 경험하게 된다. 결단에는 자신과 관련자의 명운이 걸려 있기 때문에 긴장감을 가지고 명분과 책임에 근거해서 신중하게 내려야 한다.

결단이란, 현재의 불확실한 상황으로부터 가능한 것을 정리해 내는 것으로써 그 결단의 기준에 대해 알아보자.

① 자신을 포함하여 상황 전체를 객관적이고 왜곡 없이 정확하게 판단하기 위해서는, 있는 그대로의 자신을 바로 보는 태도를 가져야 한다. 즉 스스로 자신을 속이는 행위 없이 무엇이 되었든 있는 그대로의 자신을 전부 드러내 보는 태도로 임해야 한다.

② 자신이 존망의 문 앞에 섰다고 생각하고 '과연 할 수 있는 일인가.'를 염두해 두고 자신의 역량과 상황 전체를 객관적으로 진지하게 가늠해 보아야 한다. 상황 전체를 가늠해 본다는 것은 일을 시작하게 될 경우 변수도 많고 예기치 않은 일은 언제든지 일어날 수 있다는 것을 염두에 두는 것이다. 따라서 긍정적인 면과 부정적인 면 모두를 생각하고 부정적인 면을 무리 없이 흡수할 수 있는지의 여부를 잘 살펴보아야 한다.

③ 성취하고자 함에 대하여 마음 안에 진실된 열망이 담겨 있는지, 아니면 자기 과시의 허세는 없는 것인지 자

신에게 스스로 물어보아야 한다. 또한 호기와 용기를 혼동하지 않아야 한다. 털끝만큼의 허세와 호기가 있다면, 아직 시작할 때가 아니므로 다음으로 미뤄야 한다. 그리고 누가 시켜서라든지 어쩔 수 없는 상황 때문에 시작하게 되면 실현하고자 하는 절대적인 신념이 미약하여 성공을 기대할 수 없다. 때문에 최종 결정은 자신이 해야 한다. 자신의 신념에 의한 결단에 따르라!

④ 결단에는 실질적인 이익과 명분, 그리고 책임이 함께 어우러져야 한다. 자신의 역량과 객관적인 상황에 맞는 결단을 하라. 지금 자신의 역량과 상황을 보고, 최소한의 비용과 쉽게 이룰 수 있는 규모로 시작해야 할 상황이라면 그렇게 시작하라.

⑤ 자신과 객관적인 모든 조건 등의 상황 전체를 살핀 후 확신이 서지 않을 경우, 즉 성공에 대한 승산이 서지 않을 경우에는 때가 아니므로 시작해서는 안 된다. 자

신에게 부족한 부분을 확실하게 보완하고 충실하게 준비하여 추호의 의심도 없이 확신이 설 때까지 인내심을 갖고 때를 기다려야 한다. 때가 아니면 함부로 칼을 뽑아서는 안 된다.

⑥ 반복된 관찰로 스스로의 능력과 기세를 잘 재 보고, 관계된 모든 조건을 정확하게 살핀다. 상황을 자신에게 유리하게 끌고 갈 수 있어 성공에 대한 확신이 섰을 때 (승산이 확실할 때) 언제 어떻게 시작할 것인지를 결정하라.

005

'절대적 자아'가
비전을 일으킨다

- 자신의 포부에 대한 확고한 신념 그리고 이를 실현시키고자 하는 강한 열망으로 "목표의 완성을 위해 내가 가고자 하는 길을 이 세상 그 누구도, 그 무엇도 나를 가로막지는 못한다."라는 단호하고 절대적인 마음이 내면에 확고히 새겨져 있다면, 자신의 마음 안에 '절대적 자아 *(Absolute being)*'가 만들어진다.

- 현재 자신이 처한 어려움에 "나는 죽어도 더 이상 이렇게는 살 수 없다."는 단호한 각오로 스스로에게 선언한

'자기 선언', 그리고 지금까지 안이하고 헛되이 살아온 자신을 결코 용서할 수 없어 일어난 '자기 분노'로 "어떤 일이 있어도 결코 다시는 이렇게 되지 않겠다."는 확고한 결심이 마음 안에 각인되어 나온 '자기 선언'은 '절대적 자아'를 형성하여 비전을 일으킨다.

한국의 대표적인 기업인, 현대그룹 창업주 정주영 회장과 삼성그룹 창업주 이병철 회장의 일화를 소개한다.

정주영 회장은 강원도 통천의 어느 가난한 농가에서 8남매 중 장남으로 태어났다. 매일 풀죽으로 끼니를 때워야 할 정도의 극심한 가난에 중학교 진학도 못했다. 그만큼 당시 농민의 생활은 실로 비참했다. 농사짓는 방법이 원시적이었던 때라 봄에 비가 조금만 늦게 와도 흉년, 여름에 우박이 잠깐 내려도 흉년, 가을에 서리가 조금 내려도 흉년이었다.

아버지와 함께 죽을 고생을 하면서 뼈 빠지게 농사를 지어 봤자 하루에 밥 세끼조차 제대로 먹을 수 없는 현실이 진절

머리 나게 싫었다. 도저히 이렇게는 살 수 없다는 '자기 분노'와 '자기 선언'으로 3번이나 가출을 반복했으나, 그때마다 아버지에게 붙들려 실패했다. 그리고는 "대학을 나온 놈도 실업자가 되는 판에 너 같이 못 배운 조선 놈이 서울 간다고 해서 성공하는 건 아니다. 게다가 넌 장남이니 집에서 농사를 지어야지." 하고 질책했다.

그러다 4번의 시도 끝에 가출에 성공해 밑바닥 노동일을 하면서 적은 수입에도 저축했다. 그리고 철저하게 신용을 쌓아 자금을 마련해 작은 기업을 일으켰다. 수많은 역경을 극복하는 불굴의 투지와 진퇴양난의 위기 때마다 번개처럼 떠오른 지혜로 난관을 극복하면서 현대그룹을 창업하여 한국이 낳은 가장 존경받는 기업인 중 한 사람이 되었다.

이병철 회장은 젊은 시절 일본에서 유학하던 중 건강이 좋지 않아 고향에 돌아왔다. 고향으로 돌아와 휴양하면서 건강이 회복되었다. 그 뒤 고향에서 특별히 할 일이 없어 무위도식 하던 그는 친구들과 노름판에 빠졌다. 밤새 노름에 빠

절대적 자아와 이기理氣경영

져 달그림자를 밟으며 돌아오는 일이 허다했다. 그러던 어느 날 평소와 마찬가지로 노름을 하다 밤늦게 집으로 돌아와 잠들어 있는 3명의 아이들의 모습을 보는 순간 이병철은 악몽에서 깨어난듯 커다란 충격을 받았다.

"어이없이 허송세월을 보낸 것이다."라는 생각이 든 것이다. 안일하게 헛되이 허송세월을 보낸 자신을 도저히 용서할 수 없는 '자기 분노'가 일어났다. 회한과 두려움에 며칠 밤을 꼬박 세웠다. 그리고는 "어서 빨리 뜻을 세워야 한다."면서 밤을 세워가며 사업을 구상하기 시작했다.

그렇게 뜻을 세워 사업을 시작하면서 수많은 난관과 장애에 맞닥뜨려도 목계木鷄의 혜안으로 극복해 나가면서 언제나 한 발 앞서가는 용단과 치밀한 계획으로 삼성그룹을 창업하여 한국에서 가장 존경 받는 기업인 중 한 사람이 되었다.

이들은 한결같이 "나는 성취하고자 하는 절대적인 신념과 불굴의 노력으로 인간이 스스로 한계라고 규정짓는 일에 도전, 그것을 이루어 내는 기쁨을 보람으로 오늘까지

기업을 운영해 왔고 오늘도 여일하게 도전을 계속하고 있다.”라고 말한다.

1) 성공을 이끌어 내는 막강한 힘: 절대적 자아

성취하고자 하는 열망과 절대적인 신념 그리고 뜻을 이루기 위해 목숨을 건 절대적인 마음은 곧 우주 에너지인 '살아 움직이는 생명 에너지'가 되어 마음 안에 막강한 '자력磁力'을 가진 '우주적 자아'가 된다. 이것이 곧 '절대적 자아(Absoulte being)'이다.

〈절대적 자아와 인간석 사아〉

• '인간적 자아'는 자기 욕망으로, 원하는 것을 자신이 취하고자 할 뿐, 원하는 것이 실현될 수 있게끔 자신을 변

화시키고 모든 것을 수용하고 인내하는 자기희생이 없다. 때문에 비록 일시적으로 자신이 원하는 것을 가졌다 하더라도 결과적으로는 좌절과 방황을 일으켜 자신의 에너지가 고갈되어 정신과 육체가 함께 피폐해진다.

- '절대적 자아'는 근원적인 열망으로서, 씨앗이 잎이 무성한 나무가 되어 꽃을 피우고 싶어 할 때와 같이 가슴 깊은 곳에서 솟아오르는 '사랑과 같은 정서를 일으키는 동경'으로서, 원하는 것이 실현되기 위한 자기희생을 기꺼이 한다. 때문에 불변의 충족을 가져다주며 새로운 힘을 불어 넣어준다.

- 대부분의 사람들은 '인간적 자아'로서, 자신이 알고 있는 앎의 세계와 주어진 여건 그리고 세상의 상식이라는 틀 안에서 매사를 바라보면서 스스로를 한계 짓는다. 하지만 '절대적 자아'는 절대적이기 때문에 목적하는 것을 완성하기 위해 스스로 한계 짓는 '인간적 자아'와 세상의 상

식을 뛰어넘어 세상에 길이 없으면 세상 너머에 서라도 길을 만들어 완성해낸다.

• 세상은 우리가 현실을 지배하지 않는 한, 현실이 우리를 지배하게 되어 있다. 따라서 대부분 사람들은 '인간적 자아'로서 상대적인 현실의 지배와 영향을 받는다. 때문에 현실을 움직여 변화시킬 힘이 미약하여 쉽게 좌절한다. 하지만 '절대적 자아'는 세상사의 모든 것을 수용하여 세상 위에 우뚝 서 있는 영혼의 품격을 갖추고 있어 세상사에 집착하지 않는다. 때문에 어느 것에도 걸림이 없으므로 현실에서 일어나는 어떤 상황도 무시할 수 있는 힘을 가지고 있다. 따라서 현실의 상황은 참고할 뿐, 어떤 상황에도 결코 영향 받는 일이 없다. 다만 현실에 변화를 주면서 영향력을 발휘하여 자신이 이루고자 하는 것이 실현될 수 있게끔 한다.

절대적 자아와 이기理氣경영

- '인간적 자아'의 가치 기준은 '세상 사람들이 부러워하는 것을 목표'로 삼고 살아가기 때문에 '진정한 자신의 삶을 잃어버린 헛된 삶'을 살아가고 있지만, '절대적 자아'의 가치 기준은 '존재의 본연'에 있기에 세상 사람들의 가치의 기준에 아랑곳 하지 않은 채 '자신의 신념과 자기 원칙을 가지고 자기 주도적인 삶'을 살아간다.

- '인간적 자아'로서 살고 있는 대부분의 사람들은 무엇을 하든 열등의식에 갇혀 있어, 자기과시가 목적이다. 때문에 불리한 상황에서는 참지 못하고 자신을 내세우며 자존심을 위하여 투쟁함으로써 상황을 흩어지게 만들지만, '절대적 자아'는 자신이 이루고자 하는 것을 실현시키는 것이 목적이기 때문에 불리한 상황에서도 겸허와 의연함을 잃지 않고, 모든 것을 수용하는 포용력을 가지고 참고 인내하면서 끝내 목적하는 바가 이루어질 수 있게 한다.

성공을 이끌어 내는 마음의 법칙

- '인간적 자아'를 지닌 사람들은 자신에게서 '일어나는 생각과 마음이 곧 자기'가 되어, 일어나는 생각과 마음에 따라 살아가는 자기중심 없는 무의식적인 삶을 살아가지만, '절대적 자아'는 '깨어 있는 의식이 곧 자기중심'이 되어 어떤 환경에서도 '깨어 있는 의식의 힘'에 의해 통제되는 경지가 이루어지는 삶을 살아간다.

2) '절대적 자아'는 모든 것을 수용하는 포용력

'절대적 자아'는 외유내강外柔內剛으로서 내강內剛인 절대적인 강함과 모든 것을 수용하는 포용력, 즉 유연함外柔이 한 몸을 이루고 있다. '절대적 자아'의 포용력은 근본적으로 사람들의 개성은 무수한 별들의 움직임처럼 수많은 형태의 성향을 가진 사람들이 혼재되어 있다는 사실의 통찰로부터 온다. 즉 '내 기준'에서는 전혀 이해할 수 없는 것들이 '상대방'에게는 중요할 수 있다는 것을 인정하는 것에서 나온다. 때문에 나의 '독특함'과 다른 사람의 '별다름'을 있는 그대로 받아들이고 남과 같이 되려고 발버둥치지 않고, 나처럼 하라고 강요하지 않는 태도로부터 나온다. 이와 같은 '절대적 자아'의 외유내강을 노자의 '상선약수上善若水'를 통해 알아보자.

노자老子는 악惡이 존재하지 않는 '절대적인 선善'을 상선上善이라 했다. 그리고 상선은 세상을 살아가는 최상의 지혜로서 상선약수上善若水라 하여 '물처럼 살아가는 것'이라 했다. 물이 가진 덕목과 생명력의 강인한 힘은 다음과 같다.

- 만물을 이롭게 하면서도 자신을 내세우지 않고 낮은 곳에 임한다.
- 어떤 모양의 그릇에도 담기지만 자신의 본질을 잃지 않는다.
- 큰 바위에 임해서는 자기를 고집하지 않고 자연스럽게 휘어간다.
- 산이 있을 때는 먼 길이라도 돌아가고 웅덩이를 만나면

그곳을 다 채울 때까지 말없이 기다리며 낮은 곳으로 흘러간다.

- 바위를 뚫는 막강한 힘을 가지고 있으면서도, 한없이 부드럽다.
- 모든 상황을 수용하고 포용하면서 흐르고 흘러 끝내는 바다에 이르는 대의大義의 덕목과 강인함을 가지고 있다.

이와 같이 물은 강剛과 유柔의 성질을 모두 지니고 있는 전형적인 외유내강外柔內剛으로서 겉으로 나타난 물의 성질은 한없이 부드럽기만 하다. 그런데도 견고하고 강한 것에 이기는 것 중 물만한 것 또한 없다. 물은 매우 유연하고 상황에 의해 얼마든지 모습이 변할 수 있다. 뽐내어 다른 사람과 마찰을 빚지도 않는다. 상황에 따라 자유롭게 모습을 바꾸고 조금도 모나지 않는다. 물은 자신 앞에 있는 상황을 장애물로 생각하거나 그것들과 갈등을 빚는 일도 없다. 그저 휘감고 돌거나 넘어가거나 비켜갈 뿐이다.

이와 같이 모든 것을 수용하는 물의 포용력, 이는 '절대적 자아'의 외유外柔이고, 그러면서 물은 바다에 이를 때까지 끊임없이 흐르고 흘러 종국에는 목적지에 이르는 강인함은 내강內剛인 것이다. 즉 내강인 '절대적 자아'는 모든 것을 수용하는 포용력柔을 갖고 유연하게 움직임으로써 자신이 목적하는 것을 실현시킨다.

3) '절대적 자아'가 이끄는 삶이 되게 하라

뜻한 바를 이루기 위하여 마음 안에 형성된 '절대적 자아'는 흩어지지 않게 잘 보존해야 한다. 그러나 사람은 초심을 곧잘 잊는다. 일단 마음이 흩어졌다는 것을 알아차리면, 그 자체가 마음이 흩어지는 것을 막는 기틀이 된다. 이렇게 반복하기를 쉼 없이 되풀이해 나가면 '절대적 자아'는 자신의 마음 안에 확고하게 자리 잡을 수 있게 된다. 그리하여 자신의 내면에 확고하게 뿌리내린 '절대적 자아'는 막강한 자력磁力 에너지의 파워로 세상을 움직여 성공을 만들어 낸다.

● 절대적 자아의 끌어당김 에너지

'절대적 자아'의 자력 에너지, 즉 '끌어당긴다'는 의미는 끈으로 묶어 당긴다는 의미인데, 우리는 그 의미를 "닭은 알을 품고서 마음으로 변함없이 알 속에서 나오는 소리를 들을 수 있다."는 이치에서 배울 수 있다.

닭이 알을 깔 수 있는 까닭은 따뜻한 기운 때문이다. 따뜻한 기운은 알껍데기만을 따뜻하게 함에 그쳐 알 속으로 들어가지 못하는데, 닭이 마음으로 그 기운을 이끌어서 그 속으로 들어가게 하는 것이다. 그러면서 알 속에서 나오는 소리를 듣는데, 그렇게 하기 위하여 마음을 한결같이 그 알에 쏟아 붓는다.

마음이 그 속으로 들어가면 기氣도 들어가게 되어, 따뜻한 기운을 얻어 알이 깨져 병아리가 나오는 것이다. 그리고 암탉이 가끔씩 둥지 밖으로 나가는 경우가 있더라도 변함없이 알에서 나오는 소리에 귀를 기울이고 있어서, 마음으로 끌어당겨 쏟아붓는 바에는 조금의 틈도 생기지 않는다. 때문에 따뜻한 기운 역시 밤이나 낮이나 틈이 없게 된다. 이것이 바로 '절대적 자아'의 끌어당기는 자력磁力 에너지에 의하여 목적하는 것이 이루어지게 하는 이치다.

006

명확한 목적을 가지고
상황을 주도해 반드시 완성시킨다

    사람은 일을 하면서도 내가 무엇을 하는지 목적이 명확하지 않은 경우가 많다. 목적의식이 확고하지 않다는 얘기다. 목표가 명확하지 않으면 남을 설득할 기준점이 없어 말의 힘을 잃어버리고 상황을 주도하지 못한다. 그러면 일은 헛돌게 되고 오늘 완성해야 될 일이 다음 날로 미뤄지든지, 아니면 때를 놓쳐 일을 완성할 수 없게 된다. 이런 태도로는 아무것도 이루어 낼 수 없다. 몸은 무겁고 고달프고 힘들며 불평불만은 많아지고 모든 것이 자신을 괴롭히는 장애로 보인다.

해야 할 일이 분명한 사람, 즉 '절대적 자아'는 상황에 휘둘리지 않고 형세에 따라 상대를 포용하고 협력하고 변화를 이끌어 내는 등 일을 주도해 나가 궁극적으로 완성시킨다. 그리고 몸이 고달프다거나 힘들다는 것이 없다. 언제나 몸이 가볍다. 또 불평불만도 없다. 오직 일의 완성을 위해 필요한 주위의 모든 사람과 환경을 활용해 나간다.

1) 일은 '완성시키는 것'이 목적

산의 정상에 오르는 것이 목표인 사람의 목적은 '올라가는 길'이 아니라 '정상'이다. 마찬가지로 일은 '하는 것'이 목적이 아니라 '완성시키는 것'이 목적이다. 즉 일은 '완성하기 위해서' 하는 것이다. 당연한 말이라고 입을 모으겠지만, 현실에서는 의외로 '일은 완성이 목적'이라는 점을 간과하고 있다. 완성하지 못한 일은 낭비에 불과하다. 일을 시작했으면 자신이 존망의 문 앞에 서 있다고 생각하고 전력을 다하여 완성 하여야 한다.

'경영의 신'으로 일컬어지는 마쓰시타 고노스케는 "일이란 목숨을 건 승부다. 한순간 한순간이 승부이다. 목숨을 건 승부가 되면 이길 때도 있고 질 때도 있다는 등 한가한 말을 하고 있을 수 없다. 이기느냐 지느냐의 양자택일만이 있을 뿐이다. 지면 목숨이 날아간다. 진지하다는 것은 이런 모습을 말하는 것이다. 인생은 목숨을 건 승부다. 내일이 있다고 생각하지 말고 지금 현재에 전력을 다하라. 그래야 비로소 진정한 의미의 내일이 있다. 오늘을 소홀히 하는 자의 내일은 없는 것이다."라고 말했다.

하지만 대부분의 경우 사람들은 목숨이 걸린 승부처럼 일을 대하지는 않는다. 일을 함에 태만이나 실수가 있다고 목숨을 잃지 않기 때문이다. 그리고 실수를 조금 했다고 해도 변함없이 시간은 흘러가 하루의 일은 끝나게 마련이다. 이렇게 되면 오늘은 어제의 반복이 되고, 내일은 오늘의 반복인 삶이 된다. 이런 태도로는 일을 완성하기 위한 지혜도 창의력도 없고, 사소한 아이디어도 나오지 않는다.

절대적 자아와 이기理氣경영

긴장감 없는 대신 일의 완성도 기대할 수 없고 기쁨도 얻을 수 없는 것이다.

마쓰시타 고노스케는 "이 일을 완성하지 못하면 죽을 수도 있다는 각오로 임하면 이루지 못할 일이 무엇이겠는가?"라고 했다. 정주영 회장은 "무슨 일을 시작하든 된다는 확신 90%와 반드시 할 수 있다는 자신감 10% 외에 안 될 수도 있다는 불안은 단 1%도 갖지 않는다."며 "길을 찾고 찾아도 없으면 만들어서 완성하면 된다."라고 했다.

2) 완성을 위한 '완전한 계획서'를 갖고 움직여라

준비가 완전하게 되어있지 않은 상태에서 무턱대고 나아간다 해서 일이 되는 것은 아니다. 집을 지을 때는 먼저 '완성을 생각하여 만든 완전한 설계도'가 작성되어야 한다. 그 설계도가 만들어지면 그에 따라 집을 완성하기 위해서 무엇을 어떻게 준비하고 주선해 나가야 할 것인지 등의 세부 계획을 짜며 빈틈없이 완벽하게 준비한 후 그것을 토대로 움직이며 일을 시작하면 된다.

마찬가지로 '목표한 일'의 완성을 위해서는 '완성을 생각하여 만든 완전한 계획서'를 만들어야 한다. 그리고 머릿속에 완전히 심어질 때까지 수십 번, 수백 번 되풀이 하여 익혀라. 그리고 '완전한 계획서'에 따라 필요한 정보를 구하고 일이 이루어질 수 있게 모든 준비가 완벽하게 되었을 때 나아가야 한다.

일을 진행할 때는 일의 앞뒤 좌우를 살피는 주도면밀함이 중요하며, 실패의 여지를 없애 나가야 한다. 상황 변수도 고려하여 그에 대처하는 여러 방안도 미리 명확하게 마련해 놓아 일이 될 수 있게끔 하여야 한다. 이를 위해서는 해야 할 일의 '완전한 계획서'가 만들어져야 하고 그에 따라 필요한 모든 준비가 확실하게 준비되어야 한다.

옛날 중국의 병법가 손자는 '모공편謀攻篇'에서 "승리할 수 있는 준비를 완전히 갖추어 놓고 싸우는 사람이 승리를 거둔다." 하여 전쟁을 잘하는 유능한 사람은 "이겨놓고 싸움

절대적 자아와 이기理氣경영

에 나간다.'고 했으며, 『서경書經』에서는 유비무패有備無敗라 하여 "미리 준비를 끝낸 자에게 패배란 없다."라고 했다.

일은 될 수 있게끔 해야 되며, 그렇게 하기 위해서는 '완전한 계획서'가 만들어져야 하고, 그에 따라 필요한 모든 것을 빈틈없이 준비한 후에 나아가야 한다. 그리고 준비는 '육하원칙'에 의해 준비하는 것이 효율적이다. 육하원칙이란 '누가, 언제, 어디서, 무엇을, 어떻게, 왜' 6가지를 말한다.

3) 준비되면 즉시 하고 민첩하게 움직여라

21세기는 지금까지와는 다른 새로운 흐름으로 바뀌어 정치, 사회, 문화와 같이 경제 분야도 '속도의 경제'로 나아가고 있다. 대기업들도 새로운 흐름에 밀려나지 않고, 시대의 변화에 신속하게 반응하는 민첩한 조직을 만들기 위한 다양한 노력들을 하고 있다.

이러한 시대에 따라 작은 회사에 사람들은 기존의 큰

회사보다 더 열심히 일을 하고 더 민첩하게 움직여야 경쟁에 이겨 성공할 수 있다. 아인슈타인은 속도가 갖는 힘에 대해서 말하기를 힘은 질량 곱하기 가속도의 자승, 즉 '$E=MC^2$'이라고 말했다. 즉 작은 회사(질량이 작은)는 내부 조직이 단순하여 하나의 프로젝트를 진행함에 있어 그 속도가 빠르다는 것이다. 반면에 큰 회사(질량이 큰)는 내부 조직이 크고 복잡해 어떤 프로젝트를 실행함에 있어서 속도가 작은 회사에 비해 늦다. 따라서 비록 덩치가 작은 회사(질량이 작은)지만, 작은 회사의 장점을 최대한 살려 일의 진행 속도를 빠르게 하면 큰 회사에 비해 2배 더 강한 힘을 갖게 되어 경쟁에서 이길 수 있다는 것이다.

때문에 중국의 모든 병법서에는, '바람처럼 빠르게 움직여라基疾如風'와 같이 '독수리가 먹이 감을 채가듯 기세가 거침없이 순식간에 이루어지게 하여야 승리할 수 있다.'라고 했다. 때문에 준비를 완벽하게 한 상태에서 시기가 되면 때를 놓치지 않고 민첩하게 움직여 기선을 제압하여 처치해야 승리할 수 있다고 했다.

절대적 자아와 이기理氣경영

천천히 싸워서 승리를 거둔 예는 없다고 한다. 완성을 위한 준비를 함에 있어서도 빠르게 움직여 완벽하게 준비해야 한다. 그런 후 나아갈 시기가 됐을 때, 때를 놓치지 않고 즉시 나아가서 민첩하게 움직여야 원하는 목적을 이룰 수 있는 것이다. 이는 결코 조급하게 움직이라는 의미가 아니다. 민첩함은 또렷한 정신을 가지고 움직이는 것이고, 조급함이란 마음이 산만하고 흩어져 있어 실수만 일으킬 뿐, 어떤 일에도 제대로 된 성과를 낼 수 없다. 때문에 조급한 마음은 그 자체를 버려야 한다.

4) 사소한 일이라도 전력을 다해 완성하라

작은 일이 모이고 모여서 하나의 프로젝트가 완성되는 것이다. 때문에 작아 보이는 일도 근본에서 일의 성패와 직결되는 것이다. 큰 구조물에 나사못 하나 빠져도 그 구조물이 삐걱거리듯 말이다. 그렇게 되면 중심이 흔들리게 된다. 때문에 일을 함에 있어 비록 사소 한 일, 또는 사소하다고 생각되는 작은 일이라도 소홀히 생각하지 말고 전심전력을 다하여 완성해라. 태산에 부딪혀 넘어지는 사람은 없다. 사람을 넘어지게 하는 것은 작은 흙무더기다. 사소하다고 생각되는 일조차 가볍게 여기지 않고 완벽을 기하여 완성하라.

5) 완성됐다고 생각될 때
다시 확인하여 완벽하게 매듭지어라

어떤 일을 수행하면서 애매하게 끝내는 경우가 많다. 완성이란 100% 완벽한 상태를 말한다. 완성됐다고 생각될 때 다시 확인하여 분명하고 완벽하게 매듭지어라. 무엇을 하든 항상 매듭을 확실하게 지어야 한다. 일의 맺고 끊음이 분명하지 않으면 처음부터 아무것도 하지 않은 것과 같다. 평소 자신의 일상생활이 명확하지 않고 엉성하면 일하는 데도 연결이 된다. 일상생활부터 엉성하게 처리하지 말고 확실하게 매듭을 짓는 습관을 가져라. 일의 매듭을 확실하게 하지 않으면 그로 인해 회사가 위기에 처해질 수도 있다. 비록 작은 일이라 하더라도 완성됐다고 생각될 때 이를 다시 확인하여 매듭을 완벽하게 지어라.

6) '있는 그대로의 현실'을 직시하라

고대 희랍의 철학자 에픽테토스는 "사람은 사물이나 어떤 사안 때문에 괴로워하는 것이 아니라, 그에 대한 생각 때문에 괴로워하는 것이다."라고 말했다. 눈앞에 있는 사물이나, 사안은 '있는 그대로의 현실'로 존재하는 것이고, 그 현실에 대하여 '이렇다, 저렇다' 하고 분별하여 판단하는 마음은 자신의 견해일 뿐 현실이 아니라는 사실의 이해가 반드시 필요하다.

대부분의 사람들은 자신이 아는 세계인 '고정 관념'이라는 틀을 통해 현실의 사안을 보고 여기에 자신의 개인적인 심적 상태를 결부시켜 현실을 판단하는 기준으로 삼고 있다. 그러면서 '된다, 안 된다, 좋다, 나쁘다' 하면서 자신이 내린 판단이 옳다고 아무런 의심 없이 굳게 믿는다.

현실을 자기 앎의 세계에서만 바라본다든지, 사심이 개입되면 현실은 왜곡되어 버린다. 때문에 '있는 그대로의 현실'을 보지 못하는 것이다. 그러면서 가능성의 영역을 스스로 닫고 할 수 있는 일들을 놓쳐버리는 것이다. 더군다나 이와 같은 정황을 알려줘도 믿으려 들지 않는다. 현실을 보는 이러한 태도는 자신이 눈앞의 현실에 있지 않고, 자기 마음에 갇혀 있기 때문이다. 바꾸어 말하면, 진정으로 일을 완성시키고자 하는 마음이 결여되어 있는 것이다. '있는 그대로의 현실'에 눈 뜨기 위해서는 이런 태도를 스스로 자각할 수 있어야 한다.

문제는 이러한 안이한 태도로는 일을 완성시킬 수 없다는 것이다. 정주영 회장은 사람들의 이러한 태도를 보고 "고정관념이 사람을 바보로 만든다."고 질책했다. 사람들

절대적 자아와 이기理氣경영

이 자신의 알고 있는 세계에서만 보고 판단하는 안이한 태도를 보며 답답하여 꾸짖는 것이다. 이런 태도로는 상황을 움직여 일을 완성시킬 수 있는 비전이 일어나지 않기 때문이다.

어려운 상황에서 문제의 해결점을 찾아, 일을 '완성'하기 위함이 유일한 목적, 즉 자신의 전부가 되었을 때('절대적 자아'가 되었을 때) 개인적인 모든 것들은 여기에 개입될 여지가 없어진다. 그렇게 되면 자신의 조그마한 앎의 세계와 일상적 세계관의 틀에서만 바라보고 스스로 한계를 짓는 안이한 태도와 본능적으로 자신을 지키고 보호하려는 자기 집착이 자신의 눈을 멀게 하고 발목을 잡는 장애일 뿐이라는 사실을 깨닫게 된다. 그랬을 때 비로소 '있는 그대로의 현실'에 눈을 뜨게 된다.

'절대적 자아'가 되어 움직이면 '있는 그대로의 현실'을 바로 볼 수 있는 눈을 뜨게 된다. '절대적 자아'가 되어 '있는 그대로의 현실'을 직시하라.

7) '절대적 자아'가 시련과 난관을 극복한다

세상 만물의 새로운 탄생이 모두 그러하듯, 산고産품를 겪어야 새 생명이 탄생되고, 꽃샘추위를 지나야 봄이 오고, 어둠이 지나야 밝은 아침이 온다. 지금의 변화는 우주가 자신의 섭리를 통해 새로운 세계를 우리에게 안겨주기 위한 선물이며 배려인데, 사람은 이 변화를 시련과 고통으로 느낀다. 목표가 자신에게 다가올수록 고난은 더욱 커진다. 성공은 우리 곁으로 가까이 올수록 더 큰 고난을 앞세우며 온다.

변화의 과정이 시련인 것은 어쩔 수 없는 인간의 숙명이라 할 수 있겠다. 누구나 성공을 바라고 시작하지만, 그것이 쉽지 않은 것은 성공으로 가는 길에는 시련과 난관이라는 것이 함께 있기 때문이다. 대부분의 사람들은 이 시련을 극복하지 못하고 좌절해 버린다. 사실 시련과 난관은 누구에게나 있다. 이를 극복하느냐 못하느냐의 문제는 상황의 어려움에 있는 것이 아니라, 자신의 내면에 목적한 바를 실현시키고자 하는 단호한 신념의 '절대적 자아'가 없기 때문이다.

그 확고한 목표라는 것이 일시적인 마음에서 일어난 자기욕심에 불과한 것이며, 그래서 목표 완성을 향한 '절대적 자아'가 형성되어 있지 않았기 때문이다. '절대적 자아'는 시련을 통하여 더욱 단단해질 뿐 결코 시련에 좌절하지 않는다. 신이 성공이라는 선물을 줄 때는 고통의 보자기에 싸서 준다. 장애와 시련이라고 여겨지는 곳, 바로 그곳에 성공의 열쇠가 있다. '절대적 자아'가 되어 그들과 함께 하라.

8) 매일 아침, 오늘의 비전을 마음속에 심어라

완전히 성취한 경험은 자기 안에 축적되지 않는다. 반면에 반만 해결된 채 남겨 놓는다면 마음속에서 해결되지 못한 부분을 해결하도록 계속 요구한다. 매일 밤 잠자기 전에 오늘 하루 무엇을 했는가, 무엇을 하지 않았는가, 그리

성공을 이끌어 내는 마음의 법칙

고 무엇이 완결되지 않은 채 남아 있는가를 천천히 되돌아 보라. 그리고 상상 속에서 그것을 더 끝마쳐라. 잘못을 저질렀다면 상상 속에서라도 그것을 옳게 고쳐 놓아라. 빠뜨린 것이 있다면 그것 역시 상상 속에서라도 완전히 해결하라. 그러면 모든 것이 올바르게 될 것이다.

매일 아침잠에서 깨어나는 시간, 가능하면 그 즉시 오늘의 비전을 마음속에 심어라. 오늘 무엇을 완성해야 하는가를 조용히 생각하라. 계획하는 것이 아니라, 오늘 할 일의 완성과 그 씨앗의 비전을 마음에 심는 일이다. 그리고 밤에는 다시 그 비전을 기억하고 무엇을 성취했으며 무엇을 성취하지 못했는지 되새겨 보라. 만약에 완성되지 않은 것이 있다면 상상 속에서 다시 그것을 완결 지어라. 이 과정을 충실히 실행해 나가면 상상력이 갖는 위력을 실감하게 될 것이다.

절대적 자아와 이기理氣경영

● 상상력은 모든 창조의 시작이며 강력한 생산적 힘

상상력은 의식과 같이 사람이 가지고 있는 모든 능력에 우선하는 힘으로써 사람이 가진 가장 근원적이고도 중요한 능력이다. 상상력은 모든 창조의 시작이며 가장 강력한 생산적 힘이다. 머릿속의 어떤 생각을 선명하고 생생하게 상상하여 현실처럼 느낌으로써 현실로 실체화시키는 힘이 있다. 그러나 대부분의 사람들은 그 가치를 과소평가하고 상상한 일이 현실이 되는 일 같은 것은 동화에서 나오는 이야기에 불과할 뿐 비과학적인 망상이라고 일축한다.

평범한 청년이었던 아인슈타인은 특수 상대성 이론의 방정식을 발표하면서 지금까지와는 전혀 다른 새로운 물질계와 우주를 설명할 수 있는 현대 물리학의 장을 열면서 '상상력은 우주를 품고도 남는다.'고 했다.

미켈란젤로는 조각가이기 이전에 '대단한 상상력의 소유자'였다고 한다. 그는 '신을 모든 미美의 근원'으로 상상하여 바위 속에서 아름다움의 성상을 생생하게 떠올려 무심한 상태에서 그 성상을 조각했다고 한다.

　이처럼 상상력은 물리학자와 과학자 예술가, 발명가들이 많은 사람들이 '불가능하다'라고 입을 모았던 일을 상상으로 가능성을 찾아내고 발전시켜 결과를 만들어 내는 것이다. 원하는 것이 있다면 그 바람의 이미지를 생생하게 상상하라. 그 모습을 그대로 조각해 내듯이 실현될 것이다.

　정리하자면 매일 밤, 잠자리에 들기 전에는 그날 완성되지 않은 채 남아 있는 일을 생각하며, 상상 속에서 그것을 다 끝마쳐라. 아침에는 오늘 할 일의 완성을 상상하여 그 비전을 마음에 심어라.

절대적 자아와 이기理氣경영

007

저축은 어려운
고비일 때의 생명수

현대그룹을 창업한 정주영 회장은 그의 자서전에서 말하기를 "나는 열여덟 살 때부터 객지로 나와 막노동 일부터 시작하면서 무섭게 절약 생활을 하면서 저축을 했다. 그러면서 최초의 안정된 직장이었던 복흥상회에서 쌀 배달을 하면서 월급으로 쌀 한 가마를 받으면 무조건 반을 떼어서 저축을 했고, 명절 때 받은 떡값(보너스)은 무조건 전액 저축했다. 형편없이 적은 수입이라도 쥐어짜고 졸라매 저축을 하다 보니까 사글세방이 전세가 되고, 전세방이 초가집이지만 내 집으로, 또다시 초가집이 더 그럴듯

한 집으로 옮겨졌다. 저축이 늘어 생활이 안정되자 정신적으로도 안정이 되어 더 큰 목표를 세우고 일할 수 있었다. 그러다 보니 나도 모르게 신용이 늘어 다른 사람에게서 돈을 빌려 큰일도 벌리게 되었다. 그것이 현대 자동차 공업이 되고 현대토건이 되어 현대그룹으로 이어졌다.”고 했다.

이런 경험을 통해 정주영은 힘주어 말한다. “누구든 절약하여 저축하지 않고는 생활을 안정시킬 수 없다. 쓰고자 들면 한이 없어, 아무리 많이 벌어도 모자란다. 가난이란 자신만이 구제할 수 있는 것이다. 절약하여 저축하지 않고 버는 대로 다 써 버리면 영원히 가난에서 벗어날 수 없다.”고 하면서 저축의 필요성을 강조했다.

적금을 넣다가 만기를 채우지 못하고 중간에 해약을 한다든지, 조금만 힘들어도 포기하려는 나약한 인내력과 끈기 부족, 금방 포기하려는 마음, 절약보다는 노는 것을 우선순위로 잡는 경우, 월급은 받는데 돈이 모이지 않는다고 불평을 하는 사람들은 자신의 소비 형태를 직시하라. 그리고 과연 자신의 인생 설계도는 있는지 스스로를 돌아보

절대적 자아와 이기理氣경영

면, 왜 그러한지 답이 나온다.

　일본 내쇼날 파나소닉의 마쓰시타 고노스케 회장은 중소 기업 사장들을 위한 강연회에서 "회장님, 그동안 수많은 어려운 고비를 넘기고 일본 굴지의 대기업으로 성장하셨는데, 그 비결을 간략하게 말씀하신다면 무엇이라 할 수 있겠습니까?"라는 질문을 받았다. 마쓰시타 회장은 이 질문에 "어려운 고비를 넘기고 흑자를 내는 대기업으로 성장하는 비결은 한 가지밖에 없습니다. 그것은 저축하는 길입니다."라고 서슴없이 얘기했다.

　"회장님, 회장님께서는 대기업이니까 수입이 많아서 저축할 여유가 있으시겠지만, 우리는 돈이 들어오면 지출할 것이 훨씬 더 많아 저축할 엄두를 낼 수 없습니다."면서 도저히 이해가 되지 않는다는 표정을 지었다. (이러한 사고 형태가 바로 '인간적 자아'의 모습이다.) 그러자 마쓰시타 회장은 답답한 듯이 "그래도 저축을 하십시오."라고 말했다.

기업을 운영하는 리더는 어느 누구나 어려운 상황에 직면할 수 있다. 그러한 위기에 저축은 생명수 역할을 한다. 그러나 대부분의 사람들은 지금 자기의 수입이 부족하여 "운영비로도 부족한데 저축할 엄두를 내지 못한다."라고 한다. 이런 안이한 생각으로는 아무런 비전이 생기지 않는다. 이런 사람은 지금보다 수입이 많아져도 저축할 수 없다고 보면 틀림없다.

마쓰시타의 말을 정리하자면 저축을 형편에 따라 하는 사람은 형편이 나쁘면 저축할 수 없지만, 저축을 위기에 처한 자신을 살리는 생명수로 알고 '자신의 신념'으로 삼는 사람은 형편과 상관없이 어려운 상황에서도 저축할 수 있다는 것이다. 아무리 어렵더라도 반드시 저축을 하겠다고 확고하게 세운 자신의 신념은 '절대적 자아'를 만든다. 이렇게 만들어진 '절대적 자아'는 어려운 상황에서도 저축할 수 있는 길을 만들어 내기 위해 인간의 차원을 초월한 막강한 힘을 발휘한다.

008

신용은 곧
자신의 생명

세상은 신용 위에 성립되어 있다. 신용이 없으면 사회는 하루아침에 붕괴된다. 도덕도 법률도 경제도 곧 신용이다. 가령 아무리 능력 있고 기술이 뛰어나도 신용 없는 인간은 사회적 존재로서는 거의 제로와 같다. 때문에 신용은 인간이라면 누구나 지녀야 할 최소한의 조건이다. 신용이 없는 사람은 세상 사람들과 함께할 수 없기 때문이다.

공자는 논어에서 "사람으로서 신信이 없으면 어디에다 써야 될지 알 수가 없다."고 하여 신信이 없는 사람은 아예 사람 축에도 넣어 주지 않았다. 기업은 신용이 곧 자본으로서 나에 대한 세상의 믿음이자, 나의 정직과 정성을 보증하는 증표다. 엎질러진 물을 다시 그릇에 담을 수 없듯이, 한번 잃은 신용은 다시 회복할 수 없다. 신용은 곧 자신의 생명이다.

절대적 자아와 이기理氣경영

009

조직의 수장은
리더의 분신

자신의 포부를 실현시키기 위해서는 자기 몸의 일부분으로서 조직원의 수장首長이 필요하다. 조직원들의 수장은 리더와 조직원들 간에 교량 역할을 하는 사람으로서 리더와 공유할 수 있는 비전이 있어 의기투합이 되어 있어야 한다. 그리고 서로 떼려야 뗄 수 없는 공동 운명체 같은 관계를 맺을 수 있는 사람이 되어야 한다.

조직의 수장은 매우 중요한 자리로서 수장이 올바르면 바르지 못한 조직원이 올바르게 되든지 자연 도태되므로 그 조직은 올바른 사람으로 구성된다. 그러나 수장이 올바르지 못하면 올바른 사람도 올바르지 못하게 되든지 그 자리를 뜨게 되어 올바르지 못한 사람으로 조직이 구성된다.

때문에 원하는 실력과 인성이 갖추어져 있다 하더라도 일단 시험기간을 두고 일하는 태도 등을 살펴본 후 정식 채용하는 것이 좋다. 인간관계의 문제는 회사 경영상 큰 비중을 차지하기 때문에 마땅한 사람이 없다면 당분간 자리를 비워 놓더라도 서둘러 채용하지 말고 신중을 기해야 한다.

〈조직 수장으로서의 자격 요건〉

첫째, 의기투합이 되어 자신을 회사에 투자할 수 있어야 한다.

둘째, 실력에 대한 확신이 있어야 한다.

셋째, '사람으로서 마땅히 행해야 할 바른 길' 즉 도리道理 가 갖추어져 있어야 한다.

절대적 자아와 이기理氣경영

'사람으로서 마땅히 행해야 할 바른 길'에 대해서 중국의 『사기』에 기록된 '관중'이 임금인 환공과 나눈 대화 내용을 소개하겠다.

중국 역사상 가장 위대한 재상으로는 강태공과 관중 그리고 안영을 들 수 있는데, 나라의 기둥인 관중이 병이 들어 임종을 기다릴 때 임금인 환공은 몸소 병문안을 와서 앞으로의 국정 문제에 대해 관중의 의견을 물었다.

임금인 환공이 말한다.

"그대에게 만일 불행한 경우가 생긴다면 신하 중에서 누구를 재상으로 하는 것이 좋겠는가?"

그러자 관중은 임금인 환공의 의중을 떠본다.

"그것은 주군께서 잘 알고 계시겠지요."

"그럼 역아가 어떻겠는가?"

역아는 제 아들을 삶아 임금의 병에 썼다는 사람이니 환공은 그의 충성을 믿고 있었다. 그러자 관중이 말했다.

"아들을 죽여 임금을 모신다는 것은 인정상 도리가 아닙니

성공을 이끌어 내는 마음의 법칙

다. 그러한 인물을 등용해서는 안 됩니다."

"그렇다면 개방은 어떠한가?"

개방은 환공을 섬기는 15년 동안 한 번도 부모를 뵈러 간 적이 없이 환공을 보좌한 인물로 관중은 이 또한 인정상 도리가 아니라 하면서 말했다.

"어버이를 등지고 임금을 모시는 것은 인정상 도리가 아닙니다. 그는 가까이 하기 힘듭니다."

"그럼 수조는 어떻소?"

수조는 환공이 좋아하는 환관으로서 환공의 환심을 사기 위해 스스로 거세하여 후궁의 요직에 기용된 인물이었다. 그런데 관중은 이 또한 반대하며 이렇게 말했다.

"작위는 언제까지나 계속되지 않고, 허위는 언제까지나 감출 수 없다고 합니다. 그들처럼 주군의 비위를 맞추기 위하여 인륜을 거스르면서 스스로를 속이는 인간은 언젠가는 정체를 드러냅니다. 손을 물리기 전에 추방하셔야 합니다."

관중이 한 말은 간단하고 명료하다. 즉 자신의 영달을

절대적 자아와 이기理氣경영

위해 사람으로서 못할 짓을 하면서 충성을 보이는 자는 진정 믿을 만한 사람이 못 된다는 것이다. 나를 위하여 인륜을 거스르는 자는 충분히 나에게도 인륜을 거스를 수 있다는 것이다. 한마디로 올바르지 못하니 가까이 두지도 말고, 친해져서도 안 된다는 것이다. 그러나 관중이 죽자 환공은 이 셋에게 전권을 주었고 역시 관중의 예측처럼 역아, 수조 등은 임금인 환공을 굶겨 죽였다고 한다. 그리고 환공의 자식들은 그들 아버지의 시체가 궁중에서 썩고 있을 때 권력 다툼을 했다고 하니 이 사태를 예견한 관중의 지혜를 알 수 있다.

사실 칭찬을 좋아하지 않는 사람은 없다. 칭찬과 아부의 경계는 잘 구분이 되지 않을 수 있어 아주 이성적인 사람도 아부의 함정에 쉽게 넘어간다. 리더라면 도리를 거스르는 사람은 반드시 멀리해야 한다. 아무리 실력이 좋고, 능력 있는 사람이라도 '사람으로서 마땅히 행해야 할 올바른 길', 즉 도리를 갖추지 못한 사람과는 함께하지 않도록 해야 한다.

1) 함께할 사람의 마음을 얻어라

리더는 일을 하면서 조직의 수장과 같이 가장 중요한 역할을 하는 사람의 마음을 얻어야 하며 그러기 위해서는 상대의 마음으로 들어가 빗장을 채우듯 확고히 해야 한다. 그러면 리더가 어떤 행동을 하더라도 자신과 분리되지 않아서 일을 마음 놓고 진행할 수 있으며, 어떤 경우에도 신뢰를 잃지 않아 서로의 관계가 흩어지는 일이 없다.

이러한 신뢰의 형성은 하루아침에 이루어지는 것이 아니다. 처음 시작부터 잘 맺어 놓아야 한다. 그런 다음 평소에 하나하나 만들어 나가야 한다. 우선 상대가 어떤 부류의 사람인지 파악해야 신뢰 형성을 위한 방향을 선택할 수 있다. 그리고 자신의 인생을 투자할 만큼 가치 있는 사람인가를 보아야 한다. 즉 상대가 능력과 인성을 갖춘 사람인가를 잘 살펴본 후에 시도해야 한다.

그런 연후에 가치 있다고 판단되면, 아래와 같이 행동하자.

① 어려움에 처한 그 사람을 구해주어야 한다.

② 상대를 위해 작은 일들을 해결해 주어야 한다.

③ 이 모든 일은 진심을 가지고 하여야 한다.

하지만 진심으로 구해 주고 해결을 해 주어도 상대로부터 어떤 반응이 없다면 포기해야 한다. 함께 할 수 없는 사람이기 때문이다.

010

원활한 인간관계를
유지하라

인간의 생활에서 대상이 가족이든 친구이든 거래처 사람이든 상대와 원활한 관계를 갖는 것의 중요성은 아무리 강조해도 지나치지 않다. 원활한 인간관계를 유지하기 위해서는 상대의 환심을 얻기 위한 것이 목적이 아니라, 사람으로서 마땅히 지켜야 할 인륜을 행하는 태도로부터 나와야 한다. 원활한 인간관계를 유지하기 위한 다음의 8가지는 원만한 관계를 유지할 수 있게 할 것이다.

1) 자신에게는 엄격하되 남에게는 관대하라

사람은 자신에게는 관대하고 남에게는 엄격하기 쉽다. 또는 자신에게도 관대하고 남에게도 관대하거나 자신에게도 엄격하고 남에게도 엄격할 수도 있다. 이 경우 모두 원만한 인간관계를 유지하기 어렵다. 남의 과실에 대해서는 관대하게 용서하라. 그러나 자신의 과실에 대해서는 결코 용서하지 말라. 리더는 자신에게는 엄격하고 남에게는 너그러운 태도를 가져야 한다. 그러면 원망을 들을 일 없이 원만한 관계를 유지할 수 있다.

2) 상대의 말을 경청하라

상대의 말을 경청한다는 것은 상대에 대한 존중의 태도다. 상대의 말을 경청하라. 비록 상대의 얘기가 자신의 귀에 거슬리는 내용이라 하더라도 비난하는 마음을 갖지 말

성공을 이끌어 내는 마음의 법칙

고 그냥 묵묵히 상대의 말을 들어라.

3) 다변과 능변은 스스로를 궁지에 빠뜨린다

대인 관계에서 다변 혹은 능변은 경박한 인상을 준다. 사려 깊은 분별력으로, 필요할 때 필요한 말을 하는 것으로 충분하다. 다변이나 능변은 인간관계에 부정적인 영향을 줄 수 있음을 알고 유의하라. 말이 많으면 스스로를 궁지에 빠뜨리게 되며, 믿을 만한 말은 꾸밈이 없고 소박하다. 남의 말을 잘 듣는 것은 곧 자신이 말을 잘하는 것과 같다는 말을 새겨둘 필요가 있다. 다변으로 스스로를 궁지에 빠뜨리지 말라.

절대적 자아와 이기理氣경영

4) 자신에 대한 얘기를 삼가하라

자신에 대한 얘기는 자화자찬 아니면 자학, 둘 중 하나다. 두 가지 모두 자신의 품격을 스스로 떨어뜨리는 어리석은 짓이다. 그리고 이를 듣는 사람으로 하여금 불편을 느끼게 함으로써 자연히 관계를 멀어지게 한다. 또 잘 처리한 일에 들인 자신의 노고를 내세우지 말라. 지혜로운 사람은 자신의 장점을 감추고 알리려고 하지 않는다.

5) 자신을 정당화하거나 변명하는 행위를 하지 말라

이는 스스로를 궁색하게 만들 뿐 아니라, 불쾌한 일을 애써 구하는 것과 다름이 없다.

성공을 이끌어 내는 마음의 법칙

6) 경솔하게 약속하지 말라

인간관계를 유지하는 기본은 '믿음信'이다. 모든 경우에 있어서 '믿음信'을 잃지 않아야 한다. 대부분의 경우 경솔하게 약속을 남발하기 때문에 '믿음'을 잃는다. 자신의 현재 능력으로는 할 수 없는데도, 호기를 부려 자신의 전후 사정을 고려하지 않고 약속을 한 후 꽁무니를 빼는 경우가 적지 않다. "쉽게 수락한 것 일수록 믿기 어렵다." 했다. 경솔하게 약속하지 말라.

7) 가까운 사이일수록 예禮와 정중함을 지키라

친한 사이일수록 예禮와 정중함을 잃어서는 안 된다. 인간관계를 오래 유지하기 위한 비결 중 하나는, 아무리 친하더라도 최소한의 예의는 지켜야 한다는 것이다. 여기서 예의란, '몸가짐을 단정하게' 하며 '온화하고 정중한 태도'

를 가지는 것, 그리고 친하다 하여 무례한 짓을 서슴지 않고, 거친 말을 하는 짓은 삼가야 하는 것을 말한다.

8) 긴밀한 접촉을 지속하라

"멀리 있는 자는 날이 갈수록 잊히기 마련이다."는 말이 있다. 인간관계를 유지하기 위해서는 각별한 노력이 필요하다. 예를 들면, 계절에 따른 의례적인 인사일망정 빠뜨리지 않는다든가 일로써 번거로움을 주었을 때는 반드시 감사의 뜻을 보낸다든가 또는 길흉 대소사에는 참석하여야 한다는 것이다. 이러한 마음가짐과 행동이 있어야 인간관계가 돈독해지고 유지될 수 있다. 『장자莊子』에 '무용지용無用之用'이란 말이 있는데, 별로 쓸모가 없다고 생각되는 것일수록 사실은 매우 쓸모가 있다는 뜻이다. 연하장이나 생일카드 한 장, 평소에 간소한 선물 한 꾸러미가 인간관계를 유지하는 데 힘이 된다는 사실을 잊어서는 안 된다.

011

사람의 마음을 움직여
일을 완성시켜라

삼성그룹의 창업자인 이병철 회장은 "모든 일은 사람이 한다. 사업의 성공도 사람한테 달렸고, 실패도 사람한테 달렸다."고 했다. 회사가 하는 사업이 금융업이든 중공업이든 정유업이든 결국 모든 사업은 사람이 하는 것이다. 그리고 아무리 능력 있는 리더라 하더라도 한계가 있기 마련이다.

때문에 리더는 자신의 뜻을 실현하기 위해서는, 그 뜻을 실현시켜 줄 유능한 직원을 얻지 않으면 안 된다. 그리고 유능한 직원들을 잘 쓸 수 있어야 한다.

항우가 오강烏江을 앞에 두고 자신의 목숨을 끊음으로써 5년에 걸친 초한전쟁楚漢戰爭이 끝나고, 유방은 장안에서 황제로 즉위하여 다음과 같이 말했다.

"나는 지략에 있어서 장량보다 못하고, 나라를 다스리는 데는 소하보다 못하며, 군사를 이끄는 데는 한신에 미치지 못한다. 허나 이 걸출한 인재들을 적절하게 기용했기에 나는 천하를 얻을 수 있었다."

기업이 성공하느냐 못하느냐의 차이는 리더가 부하 직원들의 능력과 열정을 잘 이끌어 내느냐 그렇지 못하느냐에 좌우된다. 사람을 얻고 또 인재를 적재적소에 잘 쓰일 수 있게 하기 위해서는 안목 뿐 아니라 다양한 능력이 필요하다. 몸을 낮추는 겸손함, 능력과 속마음을 드러내지 않는 뻔뻔함, 믿고 맡기는 신뢰, 너그러운 마음, 이성理性을 통하여 자신의 감정을 다스릴 줄 아는 냉철함과 침착함, 도덕성과 공정함 등 변화무쌍한 환경에 조화하는 능력이 필요하다.

그러나 무엇보다 리더는 부하 직원들의 능력과 열정을

성공을 이끌어 내는 마음의 법칙

끌어내어 움직이게 해야 한다. 사람을 움직이게 할 수 있는 것에는 마음 아니면 이익, 이 두 가지로 요약할 수 있다. 돈이든 지위든 명예든 체면이든 이익이 주어지면 사람은 움직인다. 그러나 이익이라는 조건으로 길들여진 사람은 상황이 바뀌면, 즉 조건이 나빠지면 미련 없이 그 자리를 떠난다.

마음을 움직일 수 있는 것에는 명분과 신뢰가 있다. 명분으로 사람을 움직이려면, 왜 움직여야 하는지를 이해시키기 위해 논리적으로 차근차근 설명해 주어야 한다. 사람마다 판단하는 기준이 달라 명분이란 대개 귀에 걸면 귀걸이 코에 걸면 코걸이가 되어 설득하기가 쉽지 않아 명분을 통한 설득은 번거롭고 피로하기만 하다. 설득이 되었다 하더라도 대개는 명분을 수긍하는 척할 뿐 자신과는 무관하다는 마음이 바탕에 깔려있어 실질적인 효과를 기대하기 어렵다.

결론적으로 사람을 움직이기 위해서는 리더와 구성원 상호 간에 서로 신뢰로 맺어져 있어야 한다. 다음은 리더

절대적 자아와 이기理氣경영

가 부하 직원들의 마음을 움직여 잘 쓸 수 있기 위해 갖추어야 할 사항들이다.

1) 업무의 모든 사항은 손바닥 위에, 구성원들의 동태는 마음 안에

구성원들을 효율적으로 잘 쓰기 위해서 리더는 기본적으로 모든 업무 사항을 손바닥 위에 놓고 보듯 항상 잘 파악하고 있어야 한다. 그리고 각 구성원들의 심리와 동태를 자신의 마음 안에 두고 항상 잘 살피고 있어야 한다.

2) 구성원들의 역할과 책임을 분명하게 인식시켜라

구성원들의 근면과 순종으로는 창의성이 생겨나지 않는다. 리더는 구성원들에게 목적의식을 명확하게 심어주어야 한다. 또한 그들의 역할과 이를 완수해야 할 책임을 분 넝하게 인식할 수 있도록 책임 의식을 확실하게 부여해야 한다. 창의성과 열정을 이끌어 내는 업무 환경을 만들기 위해서는 긴장감이나 적절한 자극이 없으면 도태된다는 '메기 효과'의 원리와 같은 제도(업무 평가와 진급제도, 신진 세력 투입 등)를 적용하는 등, 동기 부여를 함으로써 그들의 마음을 움직여 스스로 분발할 수 있게 해야 한다.

3) 인仁으로 마음을 움직이게 하라

인仁으로 마음을 움직이게 하기 위해서는 구성원의 마음을 '내 몸'처럼 느낄 수 있어야 한다. 구성원과 교감하여 그들의 아픔이 공감되어 한 몸으로 느낄 수 있는 마음이 있어야 한다. 리더가 이러한 인仁의 마음으로 구성원들을 대하면, 그들은 스스로 분발하여 온 힘을 다하여 일하게 된다. 그리고 구성원이 실수를 저질렀을 때, 그 실수만을 가지고 나무라면 구성원은 실수를 인정하지 않고 오히려 반발하든지, 거짓말을 한다. 구성원이 실수를 했을 때, 옳고 그름을 앞세워 잘잘못을 따지기보다는 이미 엎질러진 물이라 생각하고 인仁으로써 상대를 관대하게 용서해 주었을 때 상대는 고마움을 가슴에 간직하고 리더를 따르게 된다.

중국 춘추오패의 초楚나라 장왕莊王의 유명한 일화가 있다. 어느 날 장왕이 여러 신하를 모아 술잔치를 벌였다.

"오늘 밤은 누구에게도 구애 받지 말고 맘껏 놀아라."

술잔치는 난장판이 되었다. 게다가 불마저 꺼지자, 왕의 애첩에게 장난을 하는 자가 있었다. 애첩은 장난을 치는 자의 관끈을 끊어 왕에게 호소했다.

"빨리 불을 켜 주세요. 관끈이 없는 자를 붙잡으세요."

그런데 장왕은 애첩의 부탁을 묵살했다.

"아니다. 오늘밤은 맘껏 놀라고 했다. 모두들 관끈을 잘라 버려라."

다시 불이 켜졌을 때 여러 신하 중 단 한 사람도 관끈을 길세 끌어뜨리고 있는 자가 없었다.

이 사건이 있고 나서 2년 후의 일이다. 진秦의 대군이 초나라를 공격하여 나라가 위태로운 상황에 몰려 있을 때였다. 그러자 어느 장군이 선두에 나서서 용맹하게 싸웠다. 초나라는 그 신하의 활약으로 마침내 진나라 대군을 격퇴할 수 있게 되었다.

전쟁이 끝난 다음 장왕이 그 신하를 불렀다.

"참으로 자네 공이 컸다. 이런 용사를 아직까지 크게 쓰지 못했으니 나의 과실이 크다. 그런데도 나를 위해 목숨을 걸고 싸웠으니, 뭔가 까닭이 있는 듯하다. 자세히 말해보도록 하라."

그 신하는 엎드려 말했다.

"저는 일찍 죽었어야 할 몸입니다. 술에 취해 무례를 범했는데 왕의 은총으로 살아났습니다. 그래서 보은하고자 몸을 던져 싸웠을 뿐입니다. 그날 밤 총희에게 관끈을 잘렸던 자는 바로 접니다."

절대적 자아와 이기理氣경영

물이 너무 맑으면 고기가 없고, 사람이 너무 따지면 따르는 자가 없는 것이다. 인仁으로부터 나오는 큰 도량이 사람을 심복하게 한다.

4) 지나친 인仁은 조직을 망가뜨린다

많은 사람들이 인仁과 베풂의 의미를 과잉 해석하고 스스로의 사정을 생각지 않고 지나치게 함으로써 사람을 당황하게 하여 오히려 거리를 두게 된다. 공자도 『논어』에서 인仁에도 절도가 필요하다는 것으로 '혜이불비惠而不費'라 하여 베풂이 지나치면, 이는 진정한 인仁이 아니라 어리석음이라 했다.

자신의 형편을 생각지 않은 채 무리하게 베푸는 마음의 밑바탕에는 진정성 없는 인기와 호평에 대한 심리가 자리하고 있음을 지적하면서 베풂에도 절도와 분별이 있어야 함을 강조했다. 분별 있는 베풂은 풍요의 마음이지만, 분별없는 지나친 베풂은 자기 과시의 마음에서 나오는 허세임을 알아야 한다.

리더가 '자애롭다' 또는 '너그럽다'는 평판을 듣고자 한다면 그 행위로 인해 오히려 그 조직은 비전과 열정이 없는 아무런 쓸모없는 조직으로 전락한다는 점을 간과해서는 안 된다. 공자는 자애로웠지만 그렇다고 기분에 따라 마구 퍼 주거나 감정에 휘둘려 '기준'을 무시하지 않았다. 어떤 사람에게 어떻게 얼마나 베풀지에 대한 분명한 기준과 원칙을 갖고 있었다. 공자는 인仁은 분별없이 누구나 전부 용서하고 포용하는 것이 아니라고 말한다.

어떤 사람이 '원한을 덕으로 갚으면 어떻습니까?' 하고 묻자, '이직보원 이덕보덕以直報怨 以德報德'이라 하여 '바름으로써 원망을 갚고, 덕은 덕으로 갚아야 한다.'고 했다. 일부러 용서해 주려고 하기보다는 상대가 올발랐느냐 아니냐가 중요한 것으로써, 올바르지 않은 것에는 올바름으로써 대응해야 한다는 것이다.

또 리더는 조직원의 마음에 공감하되 상대방의 감정에

절대적 자아와 이기理氣경영

동화되어서는 안 된다. 그러면 양쪽 모두 이성을 잃고 감정적으로 행동하게 되어 상대를 위한 현 실적인 방안을 제안할 수 없게 된다. 리더가 냉철한 이성을 잃어버린 채 상대방의 감정에 동화되어 행동하는 것이 아니라, 이성적인 판단으로 상대방의 감정이 올바른 방향으로 해소될 수 있도록 현실적이고 현명한 방안을 제시할 수 있어야 한다. 지나치게 관대하면 조직에 틈이 생기고, 통제할 수 없게 된다. 그러므로 엄격함으로 균형을 잡지 않으면 안 된다. 즉 너그러우나 두렵게 느끼게 하고, 엄격한데도 존경을 받을 수 있어야 한다. 그러나 이것은 지극히 어려운 일이다.

삼국지의 공명은 그 어려운 일을 해냈던 사람이다. 그것이 가능했던 이유는 엄격하게 법을 적용하면서 조금도 편애하는 일 없이 공평무사하게 처리 했으며, 엄격하면서도 한편으로는 인仁, 즉 자비로움을 보여주었기 때문이다. 예를 든다면, 군법에 따라 단호히 마속의 목을 베었지만, 유족들에게는 전과 다름없는 대우를 보장해 주었다. 그리고 평소 모든 군민들에게도 엄격함과 자애로움을 잃지 않고 모든 일을 사심 없이 공정하게 처리했다. 때문에 공명은 두려운 존재이면서도 존경과 사랑을 한 몸에 받을 수 있었던 것이다.

이와 같이 리더는 상황에 맞게 칼을 휘두르는 결단력이 있어야 한다. 그리고 엄하게 할 때는 사심 없이 공정해야 한다. 소크라테스는 리더의 덕목에 관해 "온화하면서 화를 내기도 하고, 정직하고 바르면서도 계산적이어야 하며, 후하면서도 욕심을 내며, 아낌없이 주면서도 챙길 줄 알아야 하고, 관대하면서도 깐깐한 면이 있어야 하고, 방어적인 동시에 공격적이어야 한다."고 했다. 성서에서 "뱀같이 지혜롭고, 비둘기같이 순결하라."고 한 것과 상통하는 것이라 하겠다.

중국의 역대 황제 중에서 명군名君이라 손꼽히는 송나라의 태종이 지향한 '너그러움과 엄격함의 조화'는 태종과 그 당시 재상이었던 여몽정呂蒙正의 문답에서 찾아볼 수 있다.

절대적 자아와 이기理氣경영

어느 해 운하를 통해 배로 물건을 운반하는 자들이 관가의 물건을 훔쳐내어 다른 곳에 팔고 있다는 고발이 들어왔다. 태종은 이렇게 말했다.

"노력하지 않고 이익을 보려는 패거리를 없애려 해도, 마치 쥐구멍을 막으려는 것과 같아, 도저히 근절시킬 수가 없다. 정도가 지나친 놈 몇 명만 잡아들이도록 하라. 배의 우두머리가 약간 착복했더라도 공무에 큰 탈이 없다면 추궁하지 말라. 나라에 필요한 물자가 원활하게 운반되기만 하면 그것으로 족하다."

옆에 있던 재상 여몽정은 이렇게 맞장구를 쳤다.

"물이 너무 맑으면 물고기가 없습니다. 사람도 너무 청렴하면 친구가 없습니다. 소인들의 짓이니 속까지 빤히 들여다보입니다. 큰 도량으로 대처해야만 큰일에 지장이 없습니다. 너무 엄하게 다루면 그놈들이 발붙일 곳이 없어지고, 물자를 운반할 수 없게 됩니다. 슬며시 위협하는데 그쳐야지, 못된 짓이라 하여 뿌리째 뽑으려 해선 안 됩니다."

성공을 이끌어 내는 마음의 법칙

즉 엄격하면서도 너그러움으로 대국적 판단을 그르치시 않았으며, 기본 원칙에 충실했다. 풀어주기만 한 것이 아니라, 조여야 할 필요가 있을 때는 조였다. 기본적으로는 엄격함을 바탕으로 하되, 그것을 운용하는 것은 너그럽게 했다고 하는 것이다. 그래서 그들의 너그러움은 유연한 정치로 나타났던 것이다.

5) 구성원들의 의견을 경청하라

구성원들의 열정과 참여를 끌어내기 위해서는 그들의 다양한 의견을 경청하는 마음 자세를 가져라.

- 리더가 구성원들의 의견을 경청함으로써 그들을 존중한다는 느낌을 준다. 그에 따라 그들이 마음을 열고 리더와 신뢰를 형성할 수 있는 환경이 만들어진다.

- 부족한 점이 있더라도 그 자리에서 면박 주지 말라. 진지하게 듣고 이를 포용하라. 말을 가로막거나 자르는 행동을 하지 말라. 그리고 아이디어에 대한 반대 의견이나 부정적 평가는 회의가 끝날 때까지 보류하라.

- 채택되지 않은 의견에도 용기를 북돋아 주고 찬사와 격려의 말을 아끼지 말라.

- 적극적인 한두 명이 회의를 주도하지 않도록 하라. 다른 구성원들이 소외감을 느끼게 해서는 안 된다.

중국 패현의 가난한 농민의 아들로 태어나 가진 것 하나 없던 유방이 한漢 왕조를 일으킬 수 있었던 가장 큰 이유는 장량, 소하, 진평 등의 뛰어난 참모와 한신 등의 용맹한 부하들이 있었기 때문이다. 그들은 한결같이 유방보다 뛰어난 인재들이었으나 그들의 능력을 끌어내 쓴 사람은 유방이었다.

유방은 그들의 진언에 기쁜 마음으로 귀를 기울였다. 자신의 원직과 현 상황에 근거해서 냉철하게 대세를 읽고 합당하다고 판단되면 지체하지 않고 그것을 실행에 옮겼다. 진언한 쪽에서 보면, 아마 이것처럼 신나는 일도 없을 것이다. 그들은 온 힘을 쏟아 유방을 도왔다.

그들은 마음속으로 "유방은 늘 큰 그릇다웠다."고 생각했고, "패공沛公: 劉邦은 진정 하늘이 내신 분이구나."라고 느껴 심복하게 되었다. 또 마음속으로 "이 사람을 위해서라면…" 하고 유방을 위해 목숨 바칠 것을 다짐했다. 부하를 심복시키고 분발케 하는 유방의 큰 도량에 감동했기 때문이다. 그리고 실제로 그들은 온 힘을 쏟아 유방을 도왔다.

전국책戰國策에 "선비는 자신을 알아주는 사람을 위해 목숨을 바친다."는 말이 있는데 아마 이런 경우일 것이다. 이에 비해 항우도 당초 한신, 소하, 범증 같은 걸출한 인물이 있었음에도 언제나 독단 전횡을 일삼아, 유능한 인재들이 하나둘 떠났고 최후로 남은 범증 한 사람도 제대로 쓰지 못해, 범증도 그를 떠났다. (범증은 고향으로 가던 길에 병을 얻어 세

절대적 자아와 이기理氣경영

상을 떠났다.) 결국 항우는 고군분투하지 않을 수 없는 상황에 몰렸다. 이것이 그가 패한 원인이었다.

전투를 수행하는 데 유방은 그야말로 항우의 발끝도 따라가지 못했다. 사실 유방은, 천하 대권의 명운을 걸고 항우와 대결한 '초한전楚漢戰'에서는, 늘 항우가 거느린 정예부대에 짓밟혀 쫓겨 다니기 바빴다. 그러던 것이 일 년이 지나고 이 년이 지나자, 마침내 형세가 역전됐다. 최후의 승리를 거머쥔 것은 막강한 항우가 아니라 달아나기 바빴던 유방이었다. 항우는 자기 혼자서 용전분투한 데 비해, 유방은 부하들의 힘을 최대한 끌어내어 집단의 힘으로 맞섰기 때문이다. 이 차이가 결국은 천하의 주인을 결정하는 데 핵심적 역할을 한 셈이다.

6) 리더의 신뢰가 부하를 통솔한다

리더로서 신용이 없다면 부하들이 따르지 않는 것은 당

연하다. 신뢰를 얻지 못하는 리더는 부하들을 심복心腹시킬 수 없어 정책을 주진할 수 없다.

삼국지의 제갈공명은 '신信'을 더없이 중시했던 인물이었다. 공명이 기산祁山에서 사마중달의 군대를 맞아 싸울 때였다. 공명은 요해지에 군을 배치하고, 열 명 중 두 명은 휴식을 취할 수 있도록 교대로 귀국 휴가를 실시하여 늘 8만의 병력을 유지하여 방어를 굳게 하고 있었다. 그런데 적군도 진을 치고 맞서 소규모 단위로 전투가 벌어지자 공명의 참모들은 적지 않게 불안해져 다음과 같이 말했다.

"적군은 의외로 만만치 않습니다. 지금의 병력으로는 승산이 없습니다. 그러니 다음번 휴가는 일 개월 후에 주기로 하고 병력을 확보할 필요가 있습니다."

공명이 대답했다.

"나는 '군 통솔을 함에 약속한 것은 반드시 지킨다.'는 것을 지휘 방침으로 삼고 있다. 옛사람도 '설혹 원나라를 얻더라도 신용을 잃으면 아무 소용이 없다.'고 했다. 휴가 보낼 사람은 모두 제날짜에 틀림없이 보내도록 하라. 또 그

절대적 자아와 이기理氣경영

들의 가족들이 그들을 맞을 수 있도록 연락을 취하라. 곤란한 정황에 직면했다고는 하지만, 한번 약속한 것은 지키지 않으면 안 된다."

하면서 예정대로 교체 요원 전원을 귀국시키라고 명령했다. 이 이야기가 전해지자, 모두들 감격하여 휴가를 미루고 싸우기를 청했다. "명령 내려져 싸우게 되면 제갈공의 은혜에 보답하리라." 하고 남은 병사들도 모두 적들에 대한 분노를 불태우며 결의를 다졌다.

이토록 병사들을 분발시킬 수 있었던 것은 공명이 병사들과 한 약속을 틀림없이 지켰기 때문이다. 즉 신(信)을 중시했기 때문이다. 이와 같이 회사의 조직을 한 방향으로 움직이며 따를 수 있게 하는 진정한 리더십은 신뢰가 구축되어 있어야 하는 것이다. 때문에 리더는 지고의 수양을 쌓는 부단한 노력으로 구성원들과의 신뢰 관계를 만들어 나가야 한다.

- 조직에서 리더의 신뢰는 사심 없는 공정성이 기본이다. 구성원들과의 관계와 성과 평가 등이 공정하게 처리될 때 신뢰가 형성된다.

- 리더가 신뢰를 확보하려면 언행일치의 솔선수범이 필수적이다. 리더가, 말은 그럴듯하게 하지만 행동이 따르지 않을 때 구성원들은 마음속으로 따르지 않게 된다. 변화의 바람을 일으킬 수 있는 것은 다른 것도 중요하지만, 결정적인 전제 요건은 리더의 솔선수범을 통한 신뢰 확보다. 한순간 분발하여 한두 번 하는 데 그치지 말고 우직하게 계속해 나가야 한다. 리더가 앞장서서 바르게 하면, 그 누가 감히 바르게 하지 않겠느냐?

- 구성원들이 '리더가 진정으로 나를 위해주고 함께할 사람'이라는 믿음이 갈 때 신뢰가 확보된다.

절대적 자아와 이기理氣경영

7) 리더는 자신의 감정을 조절할 수 있어야 한다

회사라는 조직은 언제라도 어려운 국면에 직면할 수 있다. 하지만 그러한 상황에서 리더가 자신의 감정을 드러내 놀라거나 동요하면 고스란히 부하에게도 그 감정이 전달된다. 그렇게 되면, 부하들의 사기에 영향을 미쳐 조직의 힘은 발휘될 수 없다. 리더는 기쁨과 두려움 등 희로애락의 감정을 드러내어 부하에게 속마음을 간파 당해서는 안된다. 언제나 이성理性적으로 침착하고 냉철하지 않으면 안된다.

● 감정을 드러내지 않아 위기의 나라를 구한 재상

중국 전사戰史에 있는 '비수肥水의 싸움'이라는 유명한 에피소드가 있다. 중국 동진東晉시대에 사안謝安이라는 재상이 있었다. 북쪽에 있는 전진前秦이 백만 대군으로 쳐들어올 때의 일이다. 재상인 사안은 조카인 사현을 총사령관에 임명하고 적의 대군을 맞아 싸우도록 했는데, 동진의 군사는 겨우 수만에 지나지 않았다.

동진의 수도에 거주하는 사람들은 크게 걱정하여 일도 못하고 아예 수도를 버리고 피난 가는 경우도 많았다. 그러나 재상인 사안은 유유하게 전쟁 물자를 빠짐없이 철저하게 준비하고 있었다. 조카 사현이 재상 관저에 작전 지시를 받으러 갔을 때도 "만반의 준비가 되어 있으니 염려하지 말라."고 말했을 뿐, 사현을 상대하려고도 하지 않았다. 사현은 재상의 태도에 오히려 안심이 되었다.

그날 밤 다시 부관을 보내 작전 지시를 받게 했을 때도 사안은 별장에 가서 연회를 열고 있었다. 그래서 사현은 별장까지 찾아갔는데, 사안은 바둑을 두고 싶어 할 뿐 작전에 대해서는 일절 언급하지 않았다.

사실 사안이 자신이 있었던 것은 아니었다. 단지 여유 있는 태도를 연출함으로써 주위 사람들이 불안해하는 것을 진정시켰던 것이다. 위기를 맞고서도 흔들리지 않는 재상의 태도 그리고 전쟁을 위한 재상의 빈틈없는 철저한 준비가 효과를 발휘했던 것인지 전선에 나선 총사령관 사현은 적의 대군을 격파했다.

승전보는 곧 재상의 관저에 전해졌다. 그때도 사안은 바둑을 두고 있었다. 그런데 사안은 승리를 알리는 서신을 눈으로 한번 훑어볼 뿐 그대로 책상에 놓더니 아무 일 아니라는 듯이 손님과 계속 바둑을 두고 있었다. 전령이 달려와 알린 보고인 만큼 손님 편에서 오히려 걱정이 되어 "대체 무슨 일입니까?" 하고 물었다. 사안은 그제야 생각난 듯이 "응, 아무것도 아니야. 조카 녀석이 적군을 혼내 주었다고 기뻐서 사람을 보냈어."라고 답했다.

이처럼 위기에 직면하여 희로애락의 감정을 드러내지 않는 태도는 리더가 갖추어야 할 조건이다. 대부분의 사람들은 이성보다 감정에 좌우되는 경우가 많다. 아무리 옳은 일이라 하더라도 상대의 감정을 자극하면 상대는 외면한다. 반대로 아무리 그른 일이라도 기분이 좋으면 그르다고 느끼지 않는다. 때문에 옳고 그르다는 사리를 분별하는 이성보다는 감정이 지배적이라는 사실을 깊이 자각해야만 한다. 말 한마디로 천 냥 빚을 갚을 수도 있고 불가능한 일노 이뤄낼 수 있는 것이다. 그만큼 말의 힘은 크다는 것을 명심하자.

때문에 리더는 부하 직원에게 말을 할 때는 자신의 감정을 드러내지 않고 부드럽게 해야 한다. 부하 직원의 실수를 나무라면서 감정을 상하게 하면 잘못을 인정하기보다는 생각지도 않은 사표를 내던진다든지 회사를 폄하하여 문제를 일으킨다든지 하는 어처구니없는 일이 벌어질 수 있다. 대부분 사람들은 감정이 앞서 작용하기 때문에 자기의 감정 조절이 되지 않기 때문이다.

하지만 조직에서 리더는 싫은 소리를 해야 하는 경우가 많다. 이미 엎질러진 물인데도 화부터 내는 사람도 많다. 화낼만한 일이라도 리더는 감정을 노골적으로 표현하면 안 된다. 그동안 잘해 왔던 이런 저런 것들이 한순간의 분노로 물거품이 되어버린 경우가 많다. 그만큼 분노의 부작용은 매우 크기에 리더는 항상 이성적으로 자신의 감정을 조절할 수 있어야 한다.

절대적 자아와 이기理氣경영

한국의 삼성 그룹을 창시한 이병철 회장은 응접실 한가운데 나무로 만든 닭, 목계木鷄를 놓고 어려운 일이 있을 때마다 목계로부터 가르침을 받았다고 한다. 그러면 목계는 무엇을 의미하는 것일까? 노장사상老莊思想의 원류를 담은 책 중에 『장자莊子』가 있는데, 거기에는 다음과 같은 유명한 얘기가 있다.

투계를 몹시 좋아하던 중국의 어느 왕이, 당시 투계 사육사의 명인이었던 '기성자'란 사람에게 최고의 투계를 만들어 달라고 했다. 열흘 후, 왕이 훈련 상태를 물었다.

"어떤가? 이제 슬슬 싸움을 시켜 볼 수 없을까?"

기성자는 대답했다.

"아닙니다. 아직 이릅니다. 함부로 살기殺氣를 드러내며 대적할 상대를 구하고 있습니다."

그로부터 열흘 후, 왕이 다시 묻자,

"좀 더 기다리셔야 합니다. 다른 닭의 울음소리를 들으면 즉시 깃털을 곤두세우고 투지를 불태웁니다."

성공을 이끌어 내는 마음의 법칙

하고 대답했다.

다시 열흘 후, 왕이 묻자 대답했다.

"아직 이릅니다. 좀 더 기다리셔야 합니다. 다른 닭의 모습을 보면, 매섭게 쏘아보며 흥분합니다."

다시 열흘 후 왕이 묻자, 기성자는 대답했다.

"이제 된 것 같습니다. 곁에서 다른 닭이 아무리 울고 뛰어도 조금도 동요하는 기색을 보이지 않습니다. 마치 나무를 깎아서 만든 닭을 보는 것 같습니다. 싸움닭으로서 덕이 충실해졌다는 증거입니다. 어떤 닭도 대적할 수 없습니다. 모습만 봐도 그대로 달아나 버리고 맙니다."

어떠한 상황에서도 흔들리지 않는 이성理性을 통해 자신의 감정을 흡수하고 조절할 수 있게 되었다는 얘기다.

절대적 자아와 이기理氣경영

8) 사람들의 장점과 특징을 써라(적재적소)

우리나라의 노동 시간당 생산성이 경제협력개발기구(OECD) 국가 31개국 중 30위라고 한다. 미국의 절반에도 미치지 못하고 일본에 비해 35% 정도 밀린다고 한다. 노동 시간은 최장인데 생산성은 최하위 수준에 있는 것이다. 그 원인은 조직 구성원에 대한 존중 결여 등이 있으나, 인적 자원을 효율성 있게 활용하지 못하고 있다는 견해가 지배적이다.

예를 들면, 집을 지을 때 재목材木을 잘 아는 전문가는 재목을 잘 살피고 파악하여 합당한 곳에 배치하여 쓴다. 재목이 곧고 마디가 없으며 보기 좋은 것은 앞쪽 기둥으로 쓰고, 마디가 조금 있어도 곧고 튼튼한 것은 손질해서 뒤쪽 기둥으로 쓴다. 다소 무른 것도 마디가 없어 보기 좋은 나무는 모양을 살펴보아 문짝 미닫이용으로 쓴다. 마디가 있거나 구부러져 있어도 튼튼한 나무는 집 곳곳의 제대로 된 데 쓰면 집이 오래 지탱하는 데 기여한다.

이와 같이 리더는 사람을 쓸 때 각자의 장점과 특징에 맞게 쓸 수 있어야 한다. 그러기 위해서는 사람을 보는 안목이 필요하다. 그렇지 못하면 큰 기둥을 쪼개서 서까래로 쓴다든지, 서까래를 쪼개서 불쏘시개로 쓰는 어리석은 짓을 하게 된다. 이를 두고 한비자는 "원숭이를 우리에 넣으면 돼지가 된다."고 했다.

이와 같이 사람의 특징을 완전하게 파악하여 그에 맞는 자리에서 그들이 가진 장점을 발휘할 수 있도록 하면 일은 빠르게 진행되면서 좋은 성과를 낼 수 있다. 그리고 '인간 존중'의 의미도 함께 담겨 있다.

참고로 리더가 사람들의 장점과 특징 등을 알기 위해서는 '별자리에 따른 사람의 성격', '피타고라스 운명수', '혈액형' 등을 종합적으로 보고 판단한다면 도움이 될 수 있을 것이다.

II

수신제가치국평천하

수신이란, 사람이 마땅히 행해야할 바른 길을 지켜나가는 것이 페이지까지 읽었다면, 아마 리더가 되기 위해서는 지고포高의 수양이 필요하다는 생각이 들었을 것이다. 사서삼경의 『대학』에서 공자孔子는 '수신제가치국평천하修身齊家治國平天下'라 하여 수신修身을 강조했다. 공자는 석가모니, 예수, 노자와 더불어 4대 성인聖人으로 손꼽히는 성자聖者다. 하지만 유독 우리나라 사람들은 공자의 가르침이 과거 봉건시대를 지배했던 구시대적인 윤리 구조라고 생각한다. 때문에 지금 시대의 흐름에 맞지 않는다는 부정적인 시각을 가지고 있다. 이것은 공자의 진면목을 모르는 안타까운 일이다.

공자 가르침의 핵심은 '우주가 곧 나'라는 것이다. 우주의 생성 및 순환 원리와 인간의 존재 그리고 생활 원리를 하나로 보아 우주가 곧 나라는, 즉 '하늘의 뜻과 나의 뜻이 하나가 되는 세계: 무극의 세계'를 이루는 것이 궁극적인 목적이라는 것이다. 그것은 '사람으로서 마땅히 행해야 할 바른 길, 즉 도리道理를 실천함'으로써 '무극'의 세계에 도달될 수 있다고 했다.

절대적 자아와 이기理氣경영

오늘날의 현대 물리학은 사람을 비롯하여 '모든 만물은 에너지이다.'라는 사실을 밝혔다. 그리고 이 에너지 차원마저 넘어선 곳에 그보다 더 기본적인 것, 즉 에너지가 비롯되는 '무한의 공간'이 존재한다는 사실도 밝혀졌다. 이 '무한 공간'은 모든 것의 근원으로서 이 장場을 물리학자들은 영점장零點場, Zero Zone 또는 정보장(Field of information)이라 했다. 그리고 현대 물리학이 밝힌 영점장, 즉 '무한 공간'은 2,500년~3,000년 전에 성현들이 이미 밝힌 세계다.

노자는 사람이 감각으로 느끼고, 생각으로 이해할 수 있는 범위 너머에 이 세상에서 일어나는 온갖 고통과 투쟁이 없는 '무극無極'의 세계가 있으며, 이 세계를 악이 존재하지 않는 절대선으로 '상선上善'이라 했다. 그리고 '무위자연無爲自然'이라 하여 인위적인 것을 배제한 철저한 '비움'을 통해 '무극'의 세계에 갈 수 있다 했다.

석가모니께서는 '무극'의 그 세계를 '아미타'라고 했다. 염불에 나오는 '나무아미타불'은 '아미타'의 세계로 귀의하라는 것으로 정견正見, 정사유正思惟, 정어正語 등 일상생활에서 '팔정도八正道'라는 8가지 바른 길을 지키고 실천함으로써 '아미타'의 세계에 이를 수 있다고 했다. 예수께서는 무한 공간, 즉 '무극'의 세계를 '하나님의 세계'라 했으며, 갈등과 고통이 없는 이 세계를 '사랑'을 통해 갈 수 있다고 했다.

이처럼 '아미타의 세계' 즉 '무극'의 세계는, 사회생활에서 사람으로서 마땅히 행해야 할 바른 길道理를 지키고, 일상생활을 영위하는 데 스스로 흔들림 없이 굳게 서서 확실한 뿌리를 내린 사람이 된 뒤에야 이를 수 있는 세계라고 성현들이 한결같이 말하고 있다. 더불어 세상의 혹세무민에 빠지지 않도록 당부하고 있다.

부모에게 도리를 다하면 효가 되고, 그것으로 나라 일에 임하면 충이 되고, 형제와 가족 그리고 사회에서 만난 사람에게 도리를 지켜나가면 그것이 곧 인, 의, 예, 지, 신 이 된다. 또한 기업을 경영할 때도 도리道理로서 운영하여 질 좋은 원료로 높은 품질의 제품을 생산하고 적정 가격에

절대적 자아와 이기理氣경영

판매하는 것으로 정당한 수익과 공익성을 가지는 의, 예, 신을 이룰 수 있다. 즉 효, 충, 인, 의, 예, 신 등은 각각 그 쓰임새는 다르지만, 모두가 사람으로서 마땅히 행해야 할 바른 길, 즉 도리道理의 세계에서 나오는 한 몸인 것이다.

때문에 효를 행하지 않는 사람이, 진정한 마음으로 나라 일에 충을 할 수 없고, 가족이나 주위 사람에게 올바른 인, 의, 예, 지, 신을 실행해 나갈 수 없으며, 기업 경영도 원만하게 이룰 수 없는 것이다.

다시 말하면, 나라의 일이든 자신의 일이든 가족 간의 일이든, 직장에서의 일이든, 기업을 경영하는 리더이든 도리道理를 지켜야 한다는 것이다. 자신이 올바로 서 있지 못하면, 그 어느 쪽의 일도 원만하게 이루기 어렵다 했다. 때문에 도리를 행하는 것이 곧 수신으로서 공자는 '수신제가치국평천하修身齊家治國平天下'라고 했다.

'미래학' 개척의 선구자인 미래학의 거장 데이토 미국 하와이대 교수와 마르티나 도이힐러 영국 학술원 교수는 미래 인류의 나침반은 유학儒學의 『삼강오륜三綱五倫』에서 길을 찾아야 한다고 주장했다. 데이토 교수는 다음과 같이 말했다.

"18~19세기까지 서양에선 개인주의가 극심했어요. 개인에게 자유와 권리를 보장해 줬지만 공동체의 일원으로서 반드시 지켜야 할 책임과 의무는 사라져버렸어요. 단체를 하나로 결속하는 능력이 부족했지요. 반면 유학은 사람을 하나로 모으는 데 아주 좋은 사상이라고 생각합니다.

그녀는 "인간은 함께 모여 사는데 자기주장만 펼쳐선 곤란하다."며 "권리를 지키되 상대를 존중하고 책임지는 인식이 중요하다."고 했다. "그런 점에서 삼강오륜을 바라보는 것."이라고 했다.

"한 남자가 아버지가 돼 아기를 낳으면 반드시 아내와 아기를 책임져야 합니다. 자신의 권리를 찾는 동시에 의무와 책임도 지는 밸런스가 중요하지요. 과거 유학이 공동체를 너무 강조하여 개개인, 특히 힘이 약한 여성과 아이들을 억압한 걸로 잘 알려져 있어요. 예전 사고방식과 방법을

절대적 자아와 이기理氣경영

그대로 적용 하자는 게 아니에요. 기술적, 환경적으로 현시대에 맞는 부분을 발전시켜서 그걸 미래에 맞게 변형시켜야 합니다.”

그들은 위와 같이 말하면서 삼강오륜의 중요성에 대해 말했다.

삼강오륜의 삼강三綱은 군위신강君爲臣綱, 부위자강父爲子綱, 부위부강夫爲婦綱으로 사람이 마땅히 지켜야 할 덕목을 말하며, 오륜五倫은 부자유친父子有親, 군신유의君臣有義, 부부유별夫婦有別, 장유유서長幼有序, 붕우유신朋友有信으로 사회관계에서 사람으로서 마땅히 지켜야 할 도리를 일컫는다.

삼강은 경직된 종속의 의미가 있으므로 현시대에 맞지 않지만, 오륜은 사회 윤리로서의 의미가 충분하므로 '사람으로서 마땅히 지켜야 할 도리' 즉 인륜과 덕목으로서 이를 발전시켜 적용해 보자.

군신유의君臣有義는 나라의 법과 공공질서를 존중하여 지켜나가며 자신이 속한 단체, 즉 공공기관이나 일반 직장에서 위계질서를 지키고 자신이 맡은 바 책임을 성실히 하는 것이나. 부자유친父子有親은 자식은 어버이를 존중하여 따르고, 어버이는 올바른 사고방식과 덕목을 갖추어 자식을 자상하게 대하는 것이다. 부부유별夫婦有別은 각자의 역할에 충실히 하는 가운데 독립된 인격체로서 서로를 존중하고, 장유유서長幼有序는 연하자는 연장자를 존중하는 태도를 갖고 대하는 것이다. 붕우유신朋友有信은 사람과의 관계에서는 신의信義로서 대하는 것이다.

이렇게 발전시켜 적용함으로써, 오륜五倫은 지금 이 시대 사회의 각 분야에서, 남녀노소 할 것 없이 또 상하 계층과 상관없이 일어나고 있는 우리 사회의 도덕성의 상실과 무질서를 바로 세울 지침이 되어야 한다고 그들은 힘주어 말한다.

절대적 자아와 이기理氣경영

Ⅲ

성리학과
이기理氣경영

● 사업의 성공 요인과 육감

일본 경영의 신神, 마쓰시타 고노스케는 사업의 성공 요인을 세 가지로 요약하여 말했다. 첫째는 인간관계이고 둘째는 경영이며 셋째는 육감이라고 했다. 특히 육감을 체득할 수 없으면 사업을 할 수 없다고 했다.

왜냐하면 늘상 하는 일상적인 일은 매뉴얼에 따라 움직이는 단순한 노동에 불과한 것이고, 일이란 불가능 하다고 생각되는 난관을 해결해내는 것이 진정한 의미의 일이며, 이는 육감이라는 이치를 통해서만 해결이 가능하기 때문이다.

마쓰시타 회장은 경험을 통해 체득한 육감에 대해 "육감이라 하면 일반적으로 비과학적이며 애매한 것 같이 생각되지만, 육감은 과학으로도 미치지 못할 정도의 정확성과 적확성的確性을 가지고 있다."고 말하면서, "그곳에는 인간의 차원을 넘은 인간 수련의 존귀함이 있는 것이다. 항간에서 말하는 과학적인 발견은 과학자가 오랜 세월 동안 체득한 육감에 기인하여 그것에 원리를 붙여 실용화하는 데서 생기고 있다. 즉 과학과 육감은 결코 상반하지 않는다."라고 피력했다. 그리고 "육감이란, 140억 개의 뇌신경 세포를 가진 인간 최고의 정밀 기계가 '직관'이라는 회로를 통해 행해지는 적응의 한 형식으로서, 그 고도의 발휘는 엄연히 과학적인 합리성이 뒷받침되어 있어서 상반되는 일이 없다."라고 말했다.

대부분의 사람들이 지금까지 살아온 자신의 삶을 되돌아본다면 적어도 한두 번은 육감의 도움을 받았다는 것을 알 수 있을 것이다. 그러나 육감의 실체를 우리의 오감으로는 느낄 수 없다. 때문에 이 세계를 육감이라 부르는 것이며, 현대 초심리학에서는 이같은 육감을 '초감각적 지각(ESP, extrasensory perception)'으로 분류하고 있다.

동물은 인간의 육감에 비해 수백 배나 발달된 뛰어난 육감이 있다. 예를 든다면, 홍수가 나기 전에 개미가 떼를 지어 이동하거나 쥐들이 침몰할 운명의 배에서 육지로 탈출한다. 또한 메기는 지진이 일어나기 전 물에서 튀어 오르

성리학과 이기理氣경영

며, 고양이도 지진을 사전에 감지하는 능력이 있다. 진돗 개가 수백㎞ 떨어진 옛 주인 집을 찾아오는 것 등 모두가 육감에 의존한 것이다.

얼마 전 남아시아 해일로 2만 명 이상이 희생된 스리랑 카에서 신기한 일이 일어났다. 같은 피해 지역이자 최대 야 생동물 보호구역인 '얄라 국립공원'에서는 동물의 시체가 한 구도 발견되지 않았다는 점이다. 이 공원에 서식하는 코 끼리, 악어, 멧돼지, 물소, 원숭이, 표범 등이 해일을 미리 감지하고 고지대로 대피한 것으로 추측된다고 한다. 공원 관계자는 "토끼 한 마리도 죽지 않았다. 동물들은 육감이 있다."고 설명하면서 관광객들의 시신만 널려 있는 야생 동 물 공원에서 인간의 나약함과 허망함을 느낀다고 했다.

사람들도 저마다 육감을 가지고 있다고 생각한다. 뒤통 수가 따가운 느낌이 들어서 돌아보면 누군가가 쳐다보고 있고, 왠지 모를 불길한 예감 때문에 대형 사고를 모면하 는 경우도 있다. 즉 우리 일상 자체가 크고 작은 육감으로 둘러싸여 있다고 할 수 있는 것이다.

절대적 자아와 이기理氣경영

인류 역사상 모든 위대한 사업은 최초에는 불가능한 일이라고 입을 모았던 것들이다. 기업가들이 수많은 난관에 봉착한 가운데서 오감으로는 풀 수 없는 다양한 사건과 문제에 대한 해결책을 얻은 것은 모두 육감이었다. 그렇다면 어떻게 하면 우리가 알 수 없는 세계로부터 육감을 체득하여 당면한 난관을 지혜롭게 해결할 수 있을까?

육감은 '절대적 자아'의 직관이 체득한다

직관은 순수하고 정성된 마음에서 나온다. 이 마음은 문제의 해결점을 찾고자 하는 열망으로 자신의 전부를 집중한 상태를 말하는 것으로, 정성된 마음으로 정신을 집중할 때 이理의 세계의 파장 주파수와 자신의 파장 주파수가 일치하기 때문에 직관이 이치를 터득할 수 있는 것이다. 우리는 성리학性理學이 말하는 이理 와 기氣의 세계를 통해서 '절대적 자아'의 직관으로부터 육감이라는 이치를 체득할 수 있는 원리를 알 수 있다.

절대적 자아와 이기理氣경영

성리학의 이기理氣

성리학은 우주의 원리를 연구하는 학문으로서, 성리학의 이理는 천지만물의 근원인 우주의 본체로서 무극, 즉 태극이다. 기氣는 태극으로부터 나오는 작용, 즉 음과 양의 에너지로서 만물을 생성·발육시켜 현상계를 이룬다. 즉 모든 사물과 현상계는 이기理氣의 결합으로 이루어진다. 따라서 이理와 기氣는 그 어느 한쪽 없이는 모든 사물과 현상계에서 성립할 수 없는 것이다.

나타난 '현상 세계'와 드러나지 않은 '절대 존재'는 그 특징이 다르지만, 사실 하나의 실재를 함께 구성하고 있는 것이다. 절대 존재의 본성 안에는 창조성이 포함되어 있어 그 창조성이 움직이는 기氣를 통해서 나타난다. 따라서 기氣는 창조의 원동력이며 마음의 기초력인 것이다.

그렇기 때문에 주자朱子는 "천하에 이理 없는 기氣는 없고, 기氣 없는 이理 또한 있지 않다."라고 말했으며, "기氣로서 형체가 만들어지면, 이理도 역시 그기에 이미 갖추어진다."고 했다. 즉 이理 있는 곳에 기氣가 있고, 기氣 있는 곳에 이미 이理가 있는 것이다.

결국 성리학의 이理와 기氣는 인도의 나가르주나(용수, 龍樹)가 말한 '본체의 세계'와 '작용의 세계' 그리고 불가에서 말하는 색즉시공, 공즉시색의 공空과 색色의 세계와 그 표현된 언어만 다를 뿐, 실은 모두 같은 내용이다.

우리나라는 성리학의 본산지인 중국에서도 인정하는 성리학의 대가 이율곡 선생과 이퇴계 선생을 낳았다. 그리고 그들은 각각 '이기일원론理氣一元論'과 '이기이원론理氣二元論'을 주장했다. 이퇴계 선생의 이기이원론은 이理와 기氣를 두 개의 관점에서 보고 이理의 이치 세계를 중시하여 이치를

절대적 자아와 이기理氣경영

먼저 알아야 한다는 논리다.

이율곡 선생의 이기일원론은 이理와 기氣는 둘이 아니고 하나이기 때문에 기氣가 움직이는 곳에 이미 이理가 있어 이치는 자연히 발생되므로 이치를 알려고 하는 자체가 모순이라는 것이다. 이미 앞서 말한 바와 같이 우주의 본체인 이理는 작용함으로써 그 자신을 나타내고, 나타난 작용인 기氣는 본체인 이理를 떠나지 않았으므로 본체와 작용, 즉 이理와 기氣는 둘이면서 하나이고, 하나이면서 둘로써 한 몸을 이루고 있다.

즉 이理와 기氣는 한 몸으로서, 기氣가 강하게 작용하는 곳 에 이理가 나타난다는 것이다. 기氣가 없는 곳, 즉 작용이 없는 곳에는 이理, 즉 무극은 없다. 무극은 기氣에 의해 발생될 뿐, 무극 스스로 나타나지 않는다. 다시 말하면, 인간의 인식으로는 이理의 세계를 알 수는 없지만, 강한 기氣의 작용으로 자신의 관념 세계를 고집하지 않고 뛰어넘을 때 이치가 나타나는 것이다.

자신이 '이렇다 저렇다' 분별하고 판단하는 마음의 세계를 넘었을 때, 즉 '절대적 자아'가 되었을 때 본체의 세계(이理의 세계)와 같은 상태가 되어 이理의 세계로부터 이치理致를 체득할 수 있는 것이다.

절대적 자아와 이기理氣경영

003

이기경영理氣經營

    기업을 경영하면서 기존의 상식이나 세상 원리로 해결할 수 없는 어려움에 봉착해 있을 때, 이를 해결하기 위해 '절대적 자아'가 되어 움직일 때, 이理의 세계로부터 이치가 나타나 해결해 나가는 것을 이 책에서 '이기경영理氣經營'이라 이름 하였다. '이기경영'을 통해 난관을 극복한 정주영 회장의 일화를 소개하겠다.

    정주영 회장은 1971년 현대조선소 건립을 위해 영국 은행으로부터 8천만 달러의 차관을 얻어야 했다. 그 당시의 8천만 달러는 엄청나게 큰돈이었다. 하지만 당시에는 조선

성리학과 이기理氣경영

소 건설을 위한 돈, 기술, 경험, 명성, 그 어떠한 것도 없었나. 사람들은 미친 짓이라 말했다.

정주영 회장이 가지고 있는 것이라곤 미포만 해변 사진한 장과 외국 조선소에서 빌린 유조선 설계도, 사업 계획서 그리고 호주머니의 지갑에 거북선 그림이 있는 500원짜리 지폐 한 장이 전부였다. 천신만고 끝에 영국 은행으로부터 판매처에서 배를 구입하겠다는 확실한 계약서가있으면 돈을 빌려주겠다는 약속을 받아냈다.

그런데 조선소도 없는 황무지 상태에서 아무도 배를 사려하지 않아 조선소 건립의 꿈이 무산될 위기에 몰렸다. 정 회장은 굳게 결심하고 그리스의 선박 왕 오나시스의 처남을 만나 500원짜리 지폐에 있는 거북선 그림을 보여주고 유조선 2척을 선 주문하겠다는 계약을 따냈다. 그렇게해서 차관을 얻어 울산 현대 조선소를 건립하게 되었다.

조선소를 완성하고 배를 만들어야 하는데 그렇게 되면선주와의 공기工期 약속을 지킬 수가 없었다. 그러면 처음부터 신용을 잃어 모든 게 허사가 될 판국이라, 조선소를

절대적 자아와 이기理氣경영

지으면서 동시에 배를 건조해야 할 상황에 처했다. 아직 도크가 완성되기 전이라 대형 자동 이동 크레인이 설치될 수가 없었다. 따라서 선박에 들어갈 모든 대형 블럭, 3만 마력의 엔진, 부품 등의 운반을 인간의 힘에 의존할 수밖에 없었다.

작은 조립품을 12m 깊이의 도크 바닥으로 옮기는 일은 특수 트레일러로 해결했는데, 선수船首 부분의 조립이 끝난 1호선을 제 3도크로 운반하려면 골리앗 크레인이 설치될 때까지 기다릴 수밖에 없다는 것이 기술자들의 결론이었다. 골리앗 크레인을 들여놓는 데 3개월이 필요했다. 3개월을 그렇게 허비하면 공기工期를 맞출 수가 없고 선주와의 약속은 어기게 될 수밖에 없었다. 때문에 이를 해결하지 않고는 조선소를 건립하는 데 문제가 생기게 되었다. 이때 문득 떠오른 것이 있었다. 그래서 바로 기술자들에게 다그쳐 물었다.

"그렇다면 대형 트레일러에 선수船首 블록을 싣고 뒤에서 불도저가 당겨 경사진 언덕에서 감속을 주면서 도크 경사

성리학과 이기理氣경영

로를 사고 없이 내려가는 건 이론적으로 가능해, 불가능해?"

그가 다그치자, 기술자들은 이론적으로는 가능하다고 했다. 그래서 골리앗 크레인 없이도 아주 간단하고 쉽게 도크 바닥까지 운반하게 되었다.

모든 문제를 안이한 관념으로 보는 습관은 뭔가 반드시 극복해야 할 일에 부닥쳤을 때 그 발상이 나태한 쪽으로 흐르기 때문에 이치가 나타나지 않는 것이다. 상황과 상관없이 반드시 해내야 한다는 '절대적 자아'로부터 이치는 체득된다.

아래는 정주영 회장의 서해안 간척지 매립 공사 때의 일이다.

당시 간척지 매립 공사는 농수산부는 물론 회사 중역들도 회의적인 반응이었다. 그러나 그는 착수했다. 1984년 2월 25일에 있었던 A지구 방조제 최종 물막이 공사를 할 때였다. 총연장 6,400여m의 방조제는 270m 최종 물막이 공사가 난관이었다. 멀찍이 서서 바라보기만 해도 몸이 빨려 들어갈 것만 같은, 초속 8m의 무서운 급류였다. 승용차만 한 바윗덩이도 들어가자마자 흔적도 없이 쓸려 내려갈 정도였고 15톤, 30톤짜리 덤프트럭들이 철사로 엮은 돌망태들을 가득 싣고 와서 계속 방조제에 뿌렸지만 코끼리에게 비스켓을 먹이는 것과 다름없었다.

　현대식 장비를 전부 갖추고도 도저히 손쓸 방법이 없었다. 6,400여m 중 270m의 최종 물막이 공사를 도저히 해결할 방도가 없는 것이다. 그러나 항상 벽이다 싶을 때면 번쩍하고 '이것이다.' 하는 아이디어가 다시 떠올라 주었다. 해체해서 고철로 팔아먹을 생각으로 30억에 사들여 울산에 정박시켜 두었던 스웨덴 고철선 워터베이호를 끌어다 물줄기를 막아놓고, 양쪽 방조제에 바위 덩어리를 투하시키면 성공적으로 물막이가 마무리되리라는 생각이 번쩍 떠오른 것이었다. 항간의 화제가 되었던 '유조선 공법' 이었다. 그는 아래와 같이 말했다.

성리학과 이기理氣경영

"최종 물막이 공사의 난관을 어떻게 돌파할 것인가 고심 아닌 끝에 유조선 공법을 생각해낸 나는 즉시 현대정공, 현대상선, 현대중공업 기술진들에게 23만 톤급 고철 유조선을 안전하고 평평하게 최종 물막이 구간 사이에 가라앉힐 수 있는 방법을 연구하도록 지시했다. 84년 2월 25일, 지금까지 세상에 그 유례가 없었던 유조선 공법의 성공 여부에 많은 관심을 가지고 있었던 보도진들이 지켜보고 있는 가운데 고철 유조선인 천수만호를 이용한 최종 물막이 공사가 시작되었고 이튿날 성공적으로 끝을 냈다. 유조선 공법에 물론 반대하는 사람이 있었다. 대학에서 이론만 조금 배우고 졸업해서 현장에 나가면 이론만 신봉하면서 모두 어찌할 바를 모르고 자신 없어 한다. 학교 이론대로만 따랐다가는 돈도 시간도 엄청난 낭비를 피할 수 없다. 이 물막이 공사는 '뉴스위크'와 '타임지'에 소개되었고, 그 후 런던 테임즈강 하류 방조제 공사를 맡은 세계적인 철 구조물 회사에서 유조선 공법에 대한 문의를 해 오기도 했었다. 이 대역사로 나는 지도를 바꾸고 3,300만 평의 개펄을

절대적 자아와 이기理氣경영

얻었다. 담수호 면적을 포함하면 모두 4,700만 평이며 간척지 면적은 여의도의 33배에 해당된다."

문제는 상황의 어려움에 있는 것이 아니라, 상황의 어려움을 해결하려는 '절대적인 마음'이 없는 자신의 태도에 있는 것이다. 순간순간 '절대적 자아'가 되어 움직여라! '절대적 자아'는 살아 움직이는 생명력 자체로서 '우주적 자아'가 되어 자신에게 성공을 안겨줄 것이다. 그리고 '절대적 자아'는 어떤 상황에서도 '흔들림 없는 마음' 즉 '고요한 마음'이 그 바탕을 이루고 있다.

성리학과 이기理氣경영

004

'절대적 자아'는 곧
흔들리지 않는 고요한 마음

우리는 목계木鷄에 대한 얘기를 하면서 어떤 상황에서도 '흔들림 없는 마음'을 얘기했다. 그 마음이란 곧 '고요한 마음'이며, 이는 아무런 생명력 없이 마음을 가라앉혀 조용히 있는 것이 아니라 '지금 일어나고 있는 모든 상황을 명료하게 의식하면서 지켜보고 있는' 각성覺惺되어 있는 상태를 말한다. 앞서 말한 것처럼, 理와 氣는 한 몸으로서 理가 있는 곳에 氣가 있고, 氣 즉 작용하는 곳에 理가 있어, 작용하는 마음에 理의 고요함이 내재 되어 있는 것이다. 대부분 사람들은 고요한 마음을 단순히 마음을 가라앉혀

절대적 자아와 이기理氣경영

조용히 있는 마음으로 알고 있다. 그러면서 고요한 마음을 좌선을 통하여 얻고자 하는 어리석음이 지구촌 곳곳에서 일어나고 있다.

　인도의 선종 조사들과 보리달마 이후 각 조사와 선사들의 수행경력과 '고요한 마음'을 얻고자 하는 선승禪僧들을 위해 그들의 스승인 선사禪師들의 가르침이 기록되어 수천 년 전부터 불가佛家에 전해 내려온 전등록傳燈錄에 '회양선사'가 마조도일馬祖道一에게 가르침을 내린 선문답을 소개한다.

　마조도일이 출가하여 회양선사의 전법원傳法院에서 공부하고 있을 때였다. 도일은 하루도 빠짐없이 앉아서 좌선을 열심히 했다. 하루는 회양선사가 전법원으로 가는 도중 좌선하고 있는 도일을 보고는 물었다.

　"그대는 지금 무엇을 하고 있는가?"

　도일이 답했다.

　"좌선을 합니다."

"좌선을 해서 무엇을 하려고?"

"고요한 마음을 얻고자 합니다."

이에 회양선사는 뒤꼍에 가서 기왓장을 하나 들고 와서는 도일이 앉아 좌선하고 있는 옆에서 '쓱삭쓱삭' 하면서 기왓장을 숫돌에다 갈았다. 도일이 이것을 보고 궁금하여 물었다.

"기왓장을 갈아서 무엇을 하시려고 하십니까?"

"거울을 만들려고 한다."

도일은 어이가 없어 웃음이 나왔다.

"기왓장을 간다고 어찌 거울이 되겠습니까?"

회양이 대답했다.

"좌선을 한다고 어찌 고요한 마음을 얻을 수 있겠는가?"

도일은 순간 하늘이 무너지는 듯 아찔함을 느꼈다.

"그럼 어찌해야 합니까?"

회양이 말했다.

"소 수레를 몰고 가는데, 수레가 가지 않을 때 바퀴를 때려야 하는가? 소를 때려야 하겠는가? 소를 때려 움직이게 하라."

절대적 자아와 이기理氣경영

움직여 작용하는 기氣의 세계를 통해 이理의 세계는 터득될 수 있다고 말하는 것이다. 氣가 없는 곳에, 즉 작용이 쉬는 곳에는 理, 즉 무극無極은 없다. 무극은 작용에 의해 발생될 뿐, 무극 스스로는 나타나지 않는 것이다. 이러한 경우를 두고 육조 혜능은 "흔들리지 않는 마음을 찾고자 하면, 쓰는 마음 그 자리에 고요한 마음, 움직임이 전혀 없는 무정물無情物엔 고요한 마음의 씨앗 전혀 없도다."라고 했다.

● 만들어진 고요한 마음은 참다운 고요한 마음이 아니다

육조 혜능이 하는 말은, 쓰는 마음 그 자리에 고요한 마음이 있는 것이지 무정물, 즉 마음의 작용이 없는 곳에는 고요한 마음은 없다는 것이다. 때문에 고요한 마음은, 마음을 가라앉혀 움직이지 않은 채 좌선하면서 구할 수 있는 것이 아니라, 마음을 움직여 쓰는 가운데 경계에 임하여 '이렇다 저렇다' 분별하고 판단하는 자기 마음의 세계를 내려놓았을 때 터득될 수 있는 것이다.

우리가 이렇다 저렇다 하는 마음의 세계 너머에 존재하는 무극無極의 세계, 그 고요함의 세계는 자기 마음 안에서는 관찰될 수 없는 것이다. 만일 앉아 좌선을 하면서 마음 안에서 고요함을 찾는다면, 자신의 작용 세계인 마음은 일단 쉬게 된다. 때문에 마음의 물결은 일시적으로 비교적 잔잔하게 된다. 그러나 그 잔잔한 물결은 무극의 세계가 아니다. 조용한 곳에서 만들어진 고요한 마음은 참다운 고요한 마음이 아니기 때문이다.

좀 더 쉽게 설명하자면, 컵 안에 있는 흙탕물의 흙은 일단 가라앉았지만, 흔들면 흙이 다시 일어나듯이 일시적으로 잔잔했던 마음의 물결은 경계를 만나 면 다시 출렁이는 것이다. 조용히 앉아 있으면, 마음의 작용이 쉬게 되어 마음은 조용해진다. 그것을 무기공無記空이라 한다.

무기공 상태는 목석처럼 굳어 있는 어두운 상태로서 세상에서 아무런 쓸모없는 사람을 만들 뿐이다. 자신의 마음 세계 너머에 존재하는 세계를, 자신의 마음으로 의지적, 강제적으로 막고 있다고 해서 고요한 마음의 세계에 도달될 수는 없는 것이다. 이 진실을 모르는 한, 언제까지나 자신이 만든 환상의 세계에서 혼란과 갈등을 일으키며 고통을 안고 살게 될 뿐이다.

서양에서는 우리가 느끼면서 사념할 수 있는 세계 안에서 벌어지는 현상을 오성五性이라고 했으며, 오성 너머 저쪽의 세계를 이성理性이라고 했다. 그리고 칸트는 이성을 인간의 오성으로써는 알 수가 없다고 했다.

인간의 진정한 면목은 '우주 에너지 자체'인 '살아 움직이는 생명력'으로서 펄펄 살아 있어야 하며 명료한 의식을 갖고 주의 깊게 살아야 한다. 그리고 자기의 삶에서 일어나는 작은 힌트를 얻는 데도 자신의 전 능력을 사용해야 한다. 뜻한 바를 이루기 위해, 절대성을 가진 '절대적 자아'가 되어, 분별하고 판단하면서 스스로 한계 짓는 관념의 세계를 뛰어넘어 창조적인 자신이 되지 않는 한, 흔들림 없는 고요한 마음을 체득할 수 없는 것이다.

이제 우리는 성공이 현실에 실현될 수 있는 환경을 만들어나가야 할 최종 단계에 대한 얘기를 나누어야 할 시점이다. 이 책의 첫머리에서, 세상사의 모든 흥망성쇠의 헤게모니는 우주에 있고 성공은 우주의 섭리에 의해 결정된다 했다. 그리고 우리의 마음이 번뇌와 갈등, 그리고 걱정스러운 문제와 같은 부정적인 생각과 감정들로 채워져 있으면, 이것이 장애물이 되어 우주로부터 원하는 지침을 받을 수 있는 채널이 막혀버린다. 그렇게 되면, 문제는 해결되지 않고, 성공이 실현되지 않는 주된 원인이 된다.

때문에 결정적으로 성공을 이끌어 내기 위해서는 흔들리지 않는 고요한 마음, 조화롭고 평온한 마음을 가져야한다. 이러한 우주의 원리를 알고 이에 부응해 나가기 위해서는 우리는 우주의 법칙과 이에 따른 일련의 원리 원칙을 알아야 한다.

절대적 자아와 이기理氣경영

IV

우주의
법칙

이 책의 서문에서 밝혔듯이, 우주의 궁극적인 목적은 끊임없는 성장과 진화에 있다. 따라서 우주는 한순간도 정체되지 않고 우주 자신이 창조한 삼라만상을 성장 발전시켜 진화시키고자 하는 것이 의지며 뜻이다. 때문에 우주의 창조물인 우리 인간은 이러한 우주의 뜻과 의지에서 비롯된 법칙에 의해 이 세상에 태어났으며, 태어나면서 부여된 각자의 운명을 극복하여 성장하고 진화함으로써 이뤄낸 결실로 세상을 유익하게 하고 풍요롭게 해야 하는 사명을 갖는다. 그리고 이것이 대부분의 사람들이 알고자 하는, 그러나 그동안 분명한 답을 가질 수 없었던 의문, "우리는 왜 이 세상에 태어났으며 무엇을 위해 살아가는 것일까?" 하는 의문에 대한 답이기도 하다.

우주의 뜻과 의지로부터 비롯된 우주 법칙은 사람들이 알고 있는 '인과 법칙(인과율)'으로서 모든 우주 원리와 원칙은 우주의 대법칙인 '인과 법칙'에 근거를 두고 있다.

001

삶의 절대법칙

인과율因果律, 즉 인과 법칙이란 모든 결과에는 반드시 그 원인이 있다는 것으로, 이 세상에는 아주 사소한 일도 우연은 있을 수 없다는 근본적인 우주의 대법칙이다. 한 사람 한 사람이 각각의 인생을 보내고 있지만, 이들 전부는 인과 법칙 아래에 살고 있다.

잔잔한 호수에 돌멩이 하나를 던지면, 던져진 곳을 중심으로 물결이 파형을 일으키며 퍼져 나간다. 그리고 퍼져 나간 물결은 그대로 던져진 곳으로 되돌아오듯이 우리가 하는 모든 생각과 행위는 에너지 파동을 일으키고 그 에너지는 그대로 우리에게 되돌아온다.

이는 그 자체가 하늘의 이치이자 뜻으로 다스려지기 때문에 지켜지는 섭리다. 때문에 인과법칙은 원인인 동시에 결과이기도 한 누구에게도 예외 없는 우주의 대법칙이자, 삶의 절대법칙이다. 다시 말하면, 우리의 일거수일투족이 인과 법칙의 인因을 만들고 그 因이 훗날에는 우리들의 인과율의 과果로 되어오고, 그 果에 대하여 우리가 대처하는 법이 또 다음의 새로운 因을 형성하여, 딴 결과를 가져오는 것이다.

이렇듯 인간은 인과 법칙 아래 살고 있다. 때문에 지금 자신에게 펼쳐진 모든 현실, 경제적인 문제이든, 건강 문제이든, 자녀 문제이든, 무엇이 되었든 간 에, 그 이전에 어느 누구도 아닌 자신의 생각과 행위가 메아리가 되어 되돌아 온 결과라는 것이다. 이와 같이 우리는 이렇게 매 순간 자신의 미래 모습을 만들어 가고 있으며, 지금 이 순간 자신의 미래 모습이 만들어지고 있는 것이다. 그리고 우리는 삶의 매 순간 의식적이든 무의식적이든 끊임없이 생각을

절대적 자아와 이기理氣경영

하며 선택하고 행동하고 있다.

<**인과법칙의 핵심**>

① 모든 원인은 자신에게 있다는 생각이 자신의 삶을 바꿔 놓는다.

지금 자신에게 펼쳐진 현실이 무엇이 되었든 그 원인이 자신에게 있다는 사실을 자각하고 '있는 그대로의 현실'을 받아들이는 마음이 자신의 삶을 창조적으로 바꿔 놓는다. 모든 것을 있는 그대로 받아들일 때, 비로소 우주의 의지와 뜻에 따라 자신이 변화함으로써 더욱 성숙되고 진화된 모습으로 거듭날 수 있게 된다.

② 인과법칙이 자신이 원하는 세계의 창조를 가능하게 한다.

우주는 우리가 태어날 때, 우주 자신을 마음껏 사용할 수 있도록 우리에게 권능을 부여했다. 그것은 우주 대법칙인 인과율과 공명 현상이다. 다시 말해 이것은 끌어당김의 원리에 의해 현실과 우리의 미래를 자신이 원하는 방향으로 창조할 수 있는 능력을 말한다. 이 능력은 현실에 대한 우리의 생각을 우리가 의도하는 방향으로 일관되게 바꾸는 것, 즉 우리의 생각을 조정하는 능력으로부터 나온다.

002

공명共鳴 현상

이미 말한 바와 같이, 모든 창조의 근원인 우주가 에너지로 이루어져 있고 인간을 포함한 세상 만물의 본질 역시 에너지라고 했다. 모든 것이 에너지로 만들어졌다는 것은 모든 것이 끊임없이 움직이고 있다는 것이다. 오늘날의 물리학자들은 에너지와 물질은 서로 같은 것이며, 우리 눈으로 볼 수 있든 없든 모든 것은 에너지이기 때문에 진동한다는 사실 그리고 모든 만물은 진동에 반응하여 같은 진동을 가진 것들은 서로 끌어당기는 작용인 공명 현상을 입증하고 있다.

우리 역시 에너지이므로 우리의 생각과 느낌(감정)은 특정한 주파수를 갖게 된다. 때문에 자신이 원하는 것을 생각하면 그에 담긴 에너지 주파수가 전송되고 그 주파수와 같은 진동을 가진 것들이 이에 반응하여 자신에게로 오게 된다. 즉 우리는 생각하는 대로 느끼고, 느끼는 대로 진동하며, 진동하는 대로 그것을 끌어들여 자신의 현실을 만들어 낸다. 이를 물리학에서는 '공명 법칙'이라 한다.

'민 14:28'의 성경 구절에 "그들에게 이르기를, 여호와의 말씀에 내 삶을 두고 맹세하노라. 너희 말이 내 귀에 들린 대로 내가 너희에게 행하리니…"라는 구절이 있다. 이것은 생각하고 말한 대로 반드시 현실에서 이루어진다는 것으로 평소 우리가 하는 생각과 말 그리고 행동의 중요성을 새삼 일깨우는 성경 구절이다.

절대적 자아와 이기理氣경영

003

우리는 대부분의 시간을
부정적인 생각 속에 있다

앞서 얘기했듯이 '공명 현상'은 같은 진동수끼리 서로를 끌어당긴다. 기쁨, 즐거움, 활기, 감사와 같은 창의적인 느낌들은 같은 진동의 '즐거운 일'을 자신의 현실에 끌어들인다. 반면, 걱정이나, 불안, 미움, 분노, 불만, 갈등, 좌절, 죄책감 같은 부정적인 생각과 느낌은 같은 진동을 가진 '즐겁지 못한 일'들을 자신에게 끌어들인다. 이것은 우리가 창의적인 생각과 좋은 감정을 가져야 하는 이유다.

그런데 우리는 대부분의 시간을 부정적인 생각과 감정을 발산하는 데 쓴다. 부정적인 생각과 감정을 갖지 않는 것이 어려운 이유는 오랫동안 습관화 되고 무의식화 되어 있어 그러한 전 과정을 정상으로 생각하고 대수롭지 않게 여기기 때문이다.

따라서 우리는 먼저 자신이 대부분의 시간을 부정적인 생각과 감정을 지닌 채 보내고 있다는 사실을 알아야 한다. 그리고 성공적인 삶을 끌어들이기 위해서는 모든 형태의 부정적인 생각을 제거하고 그 자리에 창조적이고 풍요로운 생각으로 자리하게 하여야 한다.

004

부정적인 생각을
제거하는 명상

마음에서 무엇을 없애려 하면 더욱 달라붙고, 움켜잡으려 하면 떠나버리고, 억누르면 잠재되어 있다가 더욱 크게 나타난다. 이는 우리들을 당황케 하는 마음의 속성이다. 때문에 부정적인 생각과 감정을 없애려고 한다든지, 억누르려고 애쓰는 것은 전혀 소용없는 짓일 뿐만 아니라 오히려 또 다른 갈등을 일으킨다. 될 수 없는 행위를 하기 때문이다. 다음은 마음의 속성에 영향을 받지 않은 채, 우리의 부정적인 생각과 감정을 제거하여 조절하는 방법이다.

1) 관조觀照: 마음을 비추어 살핀다

생각이나 감정을 떨쳐버리려고 한다든지, 억누를 필요
도 없이 생각이나 감정을 단지 바라보기만 하는 명상이다.
생각이나 감정에 대해 아무런 평가도 내리지 않고, 차분한
마음으로 단지 바라보기만 하면 생각과 감정은 이를 비추
어 살피는 에너지에 흡수되어 사라진다.

2) 전환: 대립되는 생각으로 움직여 변화한다

마음에서 화가 일어났을 경우, 분노와 반대되는 생각이
나 즐거운 마음으로 옮겨 가는 것이다. 사랑이나 자비심이
일어나게 하라. 분노를 없애려고 하지도 말고, 억누르려고
하지도 말고, 행복했던 기억을 살려 그 행복한 느낌으로
가라. 누군가에게 깊이 감사했던 기억을 살려 그 느낌의
세계로 움직여 가라. 자신의 생각을 전환시켜라.

3) 미소 에너지: 모션은 이모션을 지배한다

분노의 감정이 일어났을 때 바로 미소를 지어라. 부드럽게 미소 지어보라. 그러면 마음도 따라 미소 짓는다. 모션(Motion, 행위)은 이모션(Emotion, 감정)을 지배한다는 원리다. 부드럽게 미소를 지어라. 분노 에너지는 미소 에너지에 흡수되어 사라진다. 미소는 분노와 같은 부정적인 모든 감정을 일시에 사라지게 하는 가장 확실하고 쉬운 명상이다. 세상에서 온전하게 살아남고 싶다면 그리고 성공적인 삶을 이루고 싶다면 '미소 짓는 훈련'을 하여 습관이 되게 하라. 그리고 미소 짓는 마음의 자리에 즐거운 생각이나 감사 또는 자신이 원하는 창조적인 생각으로 대체해라. 그리고 그 느낌을 가능한 오래 지속해라. 그렇게 함으로써 자신의 생각과 감정을 조종할 수 있게 되면, 이제 현실을 주도적으로 자신이 원하는 것으로 실현시킬 수 있는 능력을 가질 수 있게 된다. '미소'는 나를 바꾸고 '그렇게 바뀐 나'는 내 주위의 세상을 바꾼다.

005

깨어 있는 의식,
자신의 생각을 통제하는 힘

우리는 꿈이 아닌 현실 생활에서도 꿈속에 있을 때와 마찬가지로 무의식적으로 살아간다. 생각이 저 혼자 일어났다가 자기도 모르게 사라지고, 한 주제에서 다른 주제로 널뛰듯 이리저리 마구 뛰어다닌다. 의식이 또렷하지 못하고 무의식 상태에서 흐릿하게 뭔가를 하고 있을 뿐, 무슨 일을 하든 의식이 명료하게 깨어 있지 못하다. 그런데 자신에게 일어나는 부정적인 생각을 창의적인 것으로 바꾸기 위해서는 자신의 무의식에서 일어나고 있는 부정적인 생각을 자각하고 있지 않으면 안 된다.

그러기 위해서는 우리는 '깨어 있는 의식'으로 스스로를 지켜보아야 한다. 깨어 있는 의식으로 지켜본다는 것은 지금 자신이 하고 있는 모든 행위를 명료하게 의식하고 있다는 것이다. 이는 매 순간 일어나는 생각과 감정 그리고 순간순간의 움직임을 빠짐없이 명료하게 지켜보고 있는 우리의 마음 안에 있는 또 다른 '나', 즉 '지켜보고 있는 자'가 우리의 마음에 늘 있을 때 가능한 일이다. '깨어 있는 의식' 즉 '지켜보는 자'는 순간순간 일어나는 부정적인 생각과 감정을 자각하고 이를 통제하는 힘이다. 스스로의 모든 행위를 지켜보는 '지켜보는 자'로 존재하라. 이를 위해서는 일상생활에서 의식을 강화하는 훈련을 해야 한다.

006

의식의 힘을
강화하는 수련

우리는 스스로의 행위를 '지켜보는 자'로 존재하면서 일 상생활을 해야 한다. 이를 위해서는 완전히 습관이 들 때 까지 의식을 강화하는 훈련을 해야 한다.

1) 첫 번째 수련 단계: 육체의 움직임 지켜보기

중요한 일이든 사소한 일이든, 모든 일을 완전히 의식적 으로 하는 것이다. 일을 하기 위한 몸의 움직임 하나하나를 의식을 가지고 지켜보는 것이다. 손을 움직일 때 움직이는 손을, 걸음을 걸을 때는 걸음걸이 한 걸음 한 걸음을 의식적으로 지켜보는 것 등 실생활에서 자신의 육체 모든 움직임 하나하나를 지켜보는 수련을 말한다. 즉 움직이는 자신의 손을 방심하지 않고 의식적으로 지켜보면서 움직일 때 자기 손의 움직임에서 고요함을 느낄 것이다.

이 수련을 통해 영혼은 맑아지며 의식과 기억이 강화되어 나이와 상관없이 생명력 넘치는 두뇌 활동이 유지 된다는 점을 잊지 말고 평생 습관이 되도록 이 수련을 계속해야 한다. 그리고 이 수련은 다음 모든 단계의 수련에 큰 도움이 된다. 완전히 익숙해졌다면, 다음의 두 번째 단계로 넘어간다.

2) 두 번째 수련 단계: 사념 지켜보기

자신의 사념을 지켜보는 것이다. 만약 첫 번째 수련 단계인 육체의 움직임을 성공적으로 관조하게 되었다면, 두 번째 단계는 비교적 큰 어려움 없이 할 수 있을 것이다.

의자에 편안히 앉거나 침대나 소파에 누워서 온몸의 긴장을 푼다. 5분 동안 눈을 감고 떠오르는 생각을 가만히 관찰하라. 사념이란 전자파, 라디오파처럼 하나의 파동이다. 그것들은 눈에 보이지 않지만 물질이다. 공기가 눈에 보이지 않지만 흙이나 돌과 같은 물질인 것처럼, 생각들도 눈에 보이지 않지만 물질이다. 자신의 사념을 지켜보라, 다만 아무런 평가 없이 지켜만 보는 것이다. 왜냐하면 자신이 사념에 대해 평가하는 순간, 지켜봄 즉 관조를 잊기 때문이다. 사념에 대해 생각하는 순간 '이것은 좋은 생각이다.' 하고 생각하는 만큼의 공간을 관조할 수 없기 때문이다.

여러분은 생각하기 시작한다. 그리되면 생각에 말려드는 것이다. 냉정을 유지할 수 없고 지나가는 사념을 그냥 무심히 바라볼 수 없게 되는 것이다. 사념에 대한 어떤 평가도, 가치판단도, 비난도 하지 않은 채, 사념이 자신의 마음에 스쳐가는 것에 대하여 바라보기만 하라. 하늘이 제 스스로 왔다가 사라지는 구름을 전혀 개의치 않고 그냥 내버려 두듯, 사념을 그냥 바라만 보아야 한다. 구름은 그냥 구름인 것처럼, 사념도 단지 하나의 작은 파동들이 여러분의 마음을 통과하여 지나가는 것에 불과할 뿐이다.

사념에 대해 이렇다 저렇다 하고 평가하는 순간 자신은 사념에 말려들어 지배당한다. 때문에 아무런 평가 없이 일체 무심히 지켜만 봐라. 다만 잠들지 않도록 주의해라. 너무 피곤해지면 수련을 멈추고, 피곤하지 않은 상태로 다시 시작할 수 있을 때까지 미루는 것이 좋다. 모든 것이 그러하듯 처음은 어렵지만 시간이 지나면 자신만의 노하우를 터득하게 될 것이다.

수련은 아침, 저녁으로 하되 5분에서 시작하여 하루에 1분씩 늘려 나간다. 그리고 10분 동안은 주의가 흐트러지는 일 없이 자신의 생각을 관찰하고 제어할 수 있을 때까지 계속한다. 충분히 익숙해졌다면 다음 단계로 넘어간다. 10분으로 충분하지 않다고 생각되면 자신이 필요하다고 생각되는 만큼 시간을 늘려도 좋다.

성급하고 경솔하게 수련하면 아무 소용이 없으니 성실하게 수련하도록 해라. 모든 수련은 반드시 의식적으로 해야 한다. 처음에는 생각의 흐름이 너무 빠르고 혼란스러워 생각을 지켜보기 어려울 것이다. 그러나 생각의 맥락을 놓치지 않도록 주의하면서 편안한 자세를 취하고 고요한 마음을 유지하면서 지켜보기를 계속하라. 그러기 위해서는 '빛으로 비추고 마음으로 듣는 행법'이 도움을 준다.

〈빛으로 비추고 마음으로 듣는다〉

- 빛으로 비춘다는 것은, 눈의 빛이 스스로를 비추는 것으로 눈은 오직 안으로만 보고 바깥을 보지 아니한다. 바깥을 보지 아니하면서도 또렷하게 깨어 있는 것이 곧 안으로만 보는 것이 된다.

절대적 자아와 이기理氣경영

- '마음으로 듣는다'는 것은 귀의 빛으로 스스로를 듣는 것으로, 귀는 오직 안으로만 듣고 바깥은 듣지 아니한다. 바깥을 듣지 아니하는 데도 또렷하게 깨어 있으면 곧 안으로만 듣는 것이 되고, 실제로 몸속에서 나는 어떤 소리를 듣고 있는 것은 아니다.

들는다는 것은 그 소리 없는 소리를 듣는 것이고, 본다는 것은 그 모양 없는 모양을 보는 것이다. 눈으로는 바깥을 보지 아니하고, 귀로는 바깥을 듣지 아니하면, 마음이 안으로 달려들어 가려고 한다.

오직 안으로만 보고內觀 안으로만 들어야內聽 마음이 바깥으로 달려가 산만하지도 아니하고, 안으로 달려 들어가 어두움에 빠져들지 아니하게 되어서 어느 쪽으로도 치우치지 아니하고 마땅함中을 얻어서 고요함을 간직할 수 있게 한다.

3) 집중력 강화 수련

의자에 편안히 앉거나 소파나 침대에 누워서 온몸의 긴장을 푼다. 한 가지 생각을 오랫동안 유지하되 다른 생각이 떠오르지 못하도록 제어하는 것이다. 우선 '생각'이나 '개념'또는 '희망 사항을 상상하여 만든 이미지' 중 한 가지를 선택하라. 그리고 선택한 한 가지를 있는 힘껏 붙들고 늘어진다.

다른 생각들은 단호하게 거부해야 한다. 처음에는 단 몇 초도 어렵겠지만 나중에는 몇 분 동안 할 수 있게 될 것이다. 한 가지 생각만을 10분 정도 유지 할 수 있을 때까지 계속한다. 완전히 익숙해지면 다음 단계로 넘어간다.

4) 마음의 비움心空 수련

허리를 반듯하게 세우고 의자에 편안히 앉아 온몸의 긴장을 푼다. 눈을 감은 채 세상사의 모든 연분緣을 내려놓아, 일체무심一切無心 하여 마음을 티끌 하나 없이 텅 비워라. 텅 빈 곳, 그 빈 공간이 마음에 그려졌다면 이를 놓치지 말고 보존하라. 그리고 '텅 빈 공간'이 존재의 근원인, 우주 공간에 연결되어 있다고 상상하라. 시공을 초월한 무한의 우주 공간과 아무런 경계 없이 하나가 되어있다고 상상하라. 처음에는 단 몇 초 동안만 가능하겠지만, 수련을 계속 반복할수록 점차 좋아질 것이다. 의식적이 되어야 한다. 그리고 잠드는 일없이 이 상태를 10분 동안 지켜볼 수 있으면 수련의 목적을 달성한 것이다

5) 호흡을 통한 수련: 단전호흡

호흡을 통한 집중 수련, 호흡 명상에 들어가기 전에 먼저 단전호흡을 할 수 있어야 한다. 다음은 단전호흡법이다.

● 단전호흡

대부분의 사람들은 올바로 숨 쉬는 방법을 잊고 지낸다. 대다수가 입으로 얕게 쉬거나, 횡격막을 거의 사용하지 않거나, 복부를 움츠리면서 숨을 쉰다. 그러므로 충분한 산소를 흡수하지 못하게 되어 활력이 떨어지고 질병에 대한 저항력이 떨어진다.

올바른 호흡은 입을 다물고 코로 숨 쉬는 것이다. 폐를 다 사용하여 들이쉬고 내쉬는데, 숨을 내쉴 때는 복부(단전)가 축소되고 횡격막이 내려가 복부에 있는 내장을 마사지하며, 숨을 들이쉴 때는 복부(단전)가 팽창되고 횡격막이

절대적 자아와 이기理氣경영

올라가 내장을 마사지한다. 이렇게 하는 단전호흡이 올바른 숨 쉬기다.

숨은 들이쉼, 멈춤, 내쉼의 세 박자로 이루어진다. 흔히 사람들은 들이쉬는 숨이 가장 중요하다고 생각하나 사실 호흡의 열쇠는 내쉬는 데 있다. 왜냐하면 탁한 공기를 더 많이 내뱉을수록 신선한 공기를 더 많이 받아들일 수 있기 때문이다. 따라서 숨을 멈추고 내쉬는 것이 중요하다. 내쉬는 시간은 들이쉬는 시간의 두 배로 하고, 멈추는 시간은 들이쉬는 시간의 네 배로 한다.

예를 들면, 내쉬는 시간이 2초면, 들이쉬는 시간은 1초 그리고 멈추는 시간은 4초 그리고 다시 내쉬는 시간은 2초 동안 천천히 내쉰다. 코로 숨을 쉬게 되면 공기가 체온에 알맞게 따뜻해지고 공기 중의 불순한 것들이 걸러진다. 그러나 더 중요한 점은 기(氣, 쁘라나)에 있다.

기氣의 흡입을 극대화하기 위해서는 코로 숨을 쉬어야 한다. 코의 뒷면에 기氣가 중앙 신경계로 들어가는 통로가 있기 때문이다. 기氣와 마음은 상호 의존적이다. 화를 내거나 두려움을 느낄 때는 숨이 얕고, 빠르며, 거칠어진다. 반대로 마음이 편안할 때나 깊은 생각에 잠길 때엔 숨결이 고르고 늦어진다. 집중한 상태에서는 숨이 매우 느리고 고르며 상당 시간 숨을 쉬지 않을 수도 있다. 마음의 상태가 숨 쉬는 방식과 밀접하게 연관되어 있으므로 숨을 조절함으로써 마음을 조절할 수 있다. 숨을 고르고 느리게 쉬면 산소와 기氣를 더 많이 흡수할 수 있으며 정신 집중과 마음을 조용히 유지할 수 있다.

〈호흡 명상〉

호흡명상은 마음의 혼침과 산란함을 잠재운다. 사람들의 마음을 크게 묶어서 말하면, 대체적으로 마음이 어둠 속으로 깊이 빠져 버려서 정신이 어둡고 무거운 것(혼침, 昏沈), 그리고 이 생각 저 생각으로 마음이 어지럽게 흩어지는 것(산란, 散亂) 두 가지 현상이 있다. 이러한 현상은 마음을 조용히 조절하는 호흡 명상으로 해결이 가능하다.

허리를 반듯하게 세우고 의자에 편안히 앉아 온몸의 긴장을 푼다. 마음을 편안히 내려놓고 호흡이 들어오고 나가는 그 통행만을 주시하는 방법이다. 호흡을 들이쉬면서 콧구멍에서 단전 쪽으로 내려갈 때 자신도 호흡과 함께 내려간다. 또 단전에서 호흡을 내쉴 때는 자신도 호흡과 함께 나간다. 이 호흡을 놓치지 말라. 앞서가지도 말고 뒤따라가지도 말고 단지 호흡과 함께하라.

비록 1) ~ 5)까지의 의식 전환 수행이나 집중 수련에 익숙해졌다 하더라도 그것으로는 내면 깊이에 있는 무의식을 소멸시키지는 못한다. 무의식이 소멸되지 못하면 겉으로는 평화와 고요함이 있으나 내면에서는 여전히 무의식이 언제라도 폭발할 억압된 화산으로 남아있다.

즉 1) ~ 5)까지의 수련 후의 상태에서도 일상생활에서 경계를 만나면 갈등과 고통이 일어난다. 비록 이제 그 갈등을 스스로 어느 정도 제어할 수 있는 힘을 가졌다 하더라도 갈등과 고통이 일어난다는 것 자체가 언제라도 문제를 일으킬 수 있는 여지가 있는 것이다.

때문에 인간에게 고통이 왜 존재하는지 그리고 고통의 원인이 무엇인지를 체득하여 앎으로써 고통에 대해 보다 더 지혜롭게 대처할 수 있을 뿐만 아니라 이 책의 후편에서 다뤄질 '무의식을 소멸시키는 수련'을 할 수 있는 단계로 나아갈 수 있다.

007

인간의 삶에는
왜 고통이 존재하는가?

우리는 고통과 함께 살아가면서 '왜 인간의 삶에는 고통이 존재하는가? 신神은 사랑이고 자비라고 하는데 왜 인간에게 고통이 존재해야 하는가?' 하고 관심을 가져본 적이 거의 없을 것이다. 세상에는 온갖 종류의 철학과 많은 종교가 있지만 원리만 나열할 뿐, 정작 고통을 어떻게 벗어나야 하는지에 대해서는 확연한 답이 주어진 적 없이 오리무중이다. 인간을 구원해야 할 지구촌의 종교는 이미 오래전부터 종교 그 본래의 목적을 상실한 채 기복화祈福化되어 그들 단체의 세력 확장과 부富의 축적에 여념이 없을 뿐 아니라 일부 단체들은 그 근본 원리마저 부분적으로 왜곡하고 있는 실정이다.

서문에서 밝혔듯이 우주의 궁극적인 목적은 끊임없는 성장과 진화에 있다. 때문에 우주는 한순간도 정체되지 않고 자신이 창조한 삼라만상의 모든 것을 성장·발전시켜 진화시키고자 하는 것이 의지이며 뜻이다. 따라서 우주의 창조물인 우리 인간도 성장하고 진화하는 것이 궁극적인 목적이다. 그런데 인간이 성장하고 진화하기 위해서는 고통 이외의 다른 방법이 없다. 왜냐하면 인간은 고통을 통해서만 더 많은 것을 자각할 수 있기 때문이다. 그리고 고통을 통한 '자각'이 바로 성장과 진화의 열쇠다.

자신의 삶을 관찰해 보면 아무런 장애나 시련 없이 편안할 때 우리는 자각을 잃는다. 활동하고 일하기는 하지만 그것은 마치 최면에 걸린 것처럼 무의식 상태에서 살아가고 있는 것이다. 즉 스스로의 행위를 명료하게 자각하지 못하고 있는 것이다. 그러나 고통은 스스로를 되돌아보게 한다. 그래서 '삶이란 무엇이고 자신은 누구이며 무엇 때

절대적 자아와 이기理氣경영

문에 어디로 가고 있는 것인가?'라는 것을 더욱 자각하게 하는 무엇인가가 숨겨져 있다. 즉 고통의 순간에 우리는 우리의 자각自覺을 되찾으면서 그것이 더 강해진다.

우리는 고통을 겪고 있을 때, 무엇인가 잘못되었고 자신에게 어떤 변화가 필요하다는 것을 자각하게 된다. 그러므로 고통이 필요한 것이다. 고통은 자신이 변해야 하며 자신이 새로워져야 하고 그래서 자신이 다시 태어나야 한다는 것을 일깨워준다. 그래서 성장과 성숙 그리고 진화를 위해서는 반드시 고통의 터널을 지나가야 한다. 고통과 직면하는 길 외에 다른 길은 없다. 이는 그 어느 누구도 거스를 수 없는 하늘의 이치이자 우주의 섭리로서 우리 인간에게 고통이 존재하는 근원적인 이유다.

이것이 신이 인간을 사랑하는 방식이며, 우주가 자신의 창조물인 인간에게 내리는 사랑이며 자비다. 때문에 만약 고통 없이 자신의 문제를 해결해 주겠다고 하는 사람이 있다면 그 사람은 거짓말을 하고 있는 것이다.

그러나 사람들은 이러한 거짓 함정에 쉽게 말려 들어간

다. 고통을 회피하고 있고, 그러고 싶기 때문이다. 고통으로부터 도망가려 하고, 고통과 갈등을 해소하는 네만 급급한 것이다. 그러면 자신의 성장과 진화는 멈추게 된다는 사실을 모르고 있는 것이다.

우리의 성장과 진화를 위해서는 고통과 직면해야 한다. 이 외의 방법이 없다면 우리가 할 수 있는 일은 고통을 슬기롭게 맞이해야 하는 것이고 이를 위해서 우리는 고통의 원인을 알아야 한다.

절대적 자아와 이기理氣경영

008

고통의 원인은
무엇인가?

처음 태어난 우리는 그 어느 것에도 속하지 않는 '열린 공간'이다. 다시 말해 우리는 공간 그 자체이며, 고통이나 갈등 없이 '근원적인 지성'이 존재하는 완전히 열려 있는 공간이다. 그렇다면 이러한 우리에게 혼란과 고통이 어디서 왔고 '열린 공간'은 어디로 가 버리고 도대체 무슨 일이 일어난 것인가? 우리는 살아오면서 각자의 교육과 경험을 통해서 또는 자신의 오랜 습관에 의한 지식이 있다. 그리고 그것을 고스란히 우리의 기억 장치에 저장하면서 자의식을 갖게 된다. 즉 심리학에서 얘기하는 에고(Ego)다.

자의식이 생기면서 본래의 열려 있는 공간은 잊어버리고 경험의 결과물을 담고 있는 고정된 작은 공간을 가지게 된다. 즉 고정 관념의 세계다. 더없이 넓은 공간 대신 고정관념이라는 작은 공간을 자기로 착각하고 있는 것이다. 스스로에게 속고 있는 것이다.

우리는 언제나 고정관념이라는 조그마한 공간의 틀에 갇혀 있으면서 그 안에 들어오는 것은 '그렇다.'라고 말하고, 그 틀을 벗어나는 것은 '아니다.'라고 한다. 자기가 이미 알고 있고 인정하는 세계에 대해서는 마음을 열지만, 자기가 인정하지 못하는 세계에 대해서는 마음을 닫는다는 얘기다. 이와 같이 우리는 언제나 자신이 알고 있는 것을 기준으로 판단하고 분별하면서 살아가고 있다. 그런데 중요한 것은 이와 같이 우리의 고정관념으로 이루어진 자의식이 일으키는 판단과 분별로부터 부딪침이 생기고 고통이 일어나고 있다는 것이다.

자의식에 대한 애착이 강하면 강할수록 그 사람의 인생은 점점 외골수로 흘러나가게 되어 자기만족 쪽으로만 세

절대적 자아와 이기理氣경영

상을 살게 된다. 때문에 더 많은 고통이 일어나게 되며, 투쟁적인 인간관계로 편할 날이 없을 것이다. 상대방이 자신의 견해에 호응하지 않으면 분노와 히스테리가 일어나고, 삶이 짜증스럽게 느껴지기까지 한다. 더 나아가서는 정신분열 현상까지 일어나게 된다.

우리는 넓은 세상에 살고 있지만, 사실은 '자기 앎'이라는 자기가 알고 믿고 있는 조그마한 틀 안에 갇혀 살고 있는 것이다. 때문에 이 세계를 고집하고 있는 한(이기심을 버리지 않는 한) 우리는 그 대상이 가족이라도 어느 누구든 진정으로 함께하지 못한다. 이렇게 인간은 모두가 고정 관념이라는 작은 자기 세계 안으로 들어가 문을 닫아버림으로써 '자기'라는 감옥에 갇혀 있는 것이다.

자기가 옳다는 세계 속에 갇혀서 관계의 세계를 외면하면 그것은 고독이요, 외부와 관계를 가졌을 때 서로가 인정하지 않고 용납하지 않으면서 일어나는 것이 바로 분노이며 고통인 것이다. 우리는 마음에서 생각이나 느낌, 감정이 일어날 때 이를 느끼고 있는 '자기라는 감각', 즉 자의식을 갖게 된다. 그리고 이 자의식이라는 것은 일시적인 기분에 불과한 것인데, 이를 고정되고 지속적인 상내의 사기로 착각하고 그러한 자신을 지키고 보호하며, 인정받으려는 몸부림이 고통과 갈등을 만들어내고 있는 것이다.

어떤 사안을 가지고 서로 의견을 나눌 때, '나'라고 하는 에고(Ego)의 입장, 즉 내가 알고 있다고 생각하는 세계에서 보면 내가 옳다. 그런데 상대편 역시 자기가 옳다고 말한다. 그러면 자기가 옳다는 주장을 서로 관철시키기 위해 논쟁을 벌이게 된다. 사람들은 누군가가 자신의 의견과 다른 주장을 내세우면 이를 자신에 대한 모욕이라고 생각하거나 자신의 판단을 비난하는 것처럼 받아들이기 때문이다. 즉 인간 사회의 모든 문제점을 야기시키는 근원이라 할 수 있는 인간의 '열등의식'이다.

때문에 상대로부터 이와 같은 영향을 받게 되면 갈등과 고통을 느껴 진작 해결해야 할 현실의 사안과는 상관없이 자신의 주장을 고집하고 이를 관철시키기 위한 행동만 한다. 즉 해결해야 할 사안은 아랑곳하지 않은 채 자존심 대

절대적 자아와 이기理氣경영

결이 되어 버리는 것이다.

　그렇다면 우리 스스로가 만들어놓은 고정관념이란 틀로부터 해방될 방법은 정녕 없는 것인가? 그래서 이 모든 고통과 갈등으로부터 벗어나 자유로울 수는 없는 것인가? 먼저 독자 여러분의 이해를 돕기 위해 우화 하나를 소개한다.

　옛날 어느 임금이 나라 일을 상의하기 위해 신하들에게 의견을 물으면, 언제나 신하들은 갑론을박하면서 서로 자신의 견해가 옳다고 하면서 논쟁을 벌렸다. 이것이 나라 일에 큰 지장을 일으켜 임금이 고민을 하던 중 한 가지 묘안을 생각해냈다. 임금은 신하들에게 코끼리와 눈먼 장님 6명을 데려오라고 시켰다.
　임금은 6명의 장님들에게 각각 코끼리를 만져보게 한 뒤,
　"그대들이 만져본 코끼리는 무엇과 비슷한가?"
　하고 물었다. 귀를 만져본 장님은 코끼리가 큰 부채와 비슷

하다고 말했다. 코끼리 뿔을 만져본 장님은 기다란 무와 비슷하다고 했다. 다리를 만져본 장님은 절구와 비슷하다고 했다. 등을 만져본 장님은 침상 같다고 했고, 배를 만져본 장님은 큰 항아리 같다고 했다. 마지막으로 꼬리를 만져본 장님은 새끼줄 같다고 했다. 서로의 말이 다르자, 그들은 자기의 주장이 옳다고 싸우기 시작했다.

그 장님 개개인이 관찰한 것은 모두 사실이다. 그럼에도 불구하고 그들이 말한 코끼리의 모습은 실제 모습과는 판이하게 달랐다. 만약 장님들이 서로 자기가 옳다고 다투지 않고 일단 모두 자신들의 주장을 내려놓고 서로의 의견을 듣기 위해 토론을 시작했으면 어떻게 되었을까? 그랬다면 그들은 퍼즐을 맞추듯, 관찰한 정보를 서로 모아 코끼리 모습을 그려낼 수 있었을 것이다.

이 일이 있은 후 신하들은 서로의 주장을 고집하며 싸우는 일이 없었다고 한다. 이와 같이 자신이 경험한 사실로만 판단하여 자기가 옳다고 굳게 믿고 고집하여 주장하

절대적 자아와 이기理氣경영

는 사람들은, 눈은 뜨고 있으나 보지 못하는 장님과 다를 바 없고, 귀는 있으나 듣지 못하는 귀머거리와 다를 바 없는 것이다. 즉 각자 자기가 옳다고 믿고 있는 현실은 '있는 그대로의 실제적인 현실'이 아닌 것이다. 우리는 먼저 우리 모두가 자기만의 앎의 세계를 가지고 있고, 그러한 편협적인 고정관념의 작은 틀을 통하여 세상을 바라보고 있다는 사실, 그렇게 해서 자신의 판단을 옳다고 믿으면서 고집하는 눈 뜬 장님이라는 사실을 깊이 통찰해야 한다. 그리고 이러한 자기 판단과 분별로부터 분노와 갈등이 생기고 고통이 일어나고 있다는 사실을 자각해야 한다.

● 땅으로 인하여 넘어진 자 땅을 짚고 일어나라

고려高麗시대의 보조국사인 지눌선사는, 이 세상이 불타는 집과 같이 뜨거운 번뇌로 가득 채워져 있고 인간은 그 속에서 긴 고통을 받고 있음을 상기시키면서 다음과 같이 말했다.

"내 들으니, '땅으로 인하여 넘어진 사람은 땅을 짚고 일어난다.'고 했다. 땅을 떠나 일어나려는 것이 될 수 없듯이, 마찬가지로 마음으로 말미암은 고통은 마음을 떠나 해결될 수는 없는 것이다. 마음으로 인하여 넘어진 자, 마음을 딛고 일어나야 한다."

고통을 일으키는 분별하는 마음의 어리석음과 헛됨을 알고 그 마음을 내려놓아야 하는 것이다. 땅을 떠나 일어설 수 없듯이 고통을 회피하는 행동, 갈등과 스트레스를 해소하고자 하는 행위를 통해서는 고통이 사라질 수 없다. 오히려 심신만 더 피폐해질 뿐이다.

성공하는 리더들은 고뇌할망정 고통을 피하지 않고 고된 자리를 지키는 가운데서 문제 해결의 핵심을 찾아낸다. 그리고 자신의 의견에 반대하는 사람이 있을 때는, 서로 견해가 다를 수 있음을 이해한다. 자신의 의견이 왜 옳은지를 먼저 인식시키려 하지 않고, 그 마음을 내려놓는다. 그런 후 상대의 의견을 진지하게 귀담아듣고, 자신의 의견

절대적 자아와 이기理氣경영

이 왜 필요한지를 설명하여 상대가 수긍할 수 있게 한다.

자신의 편견과 고집이 만들어내는 고통으로부터 자유롭기 위해서는 내 기준에서 옳다고 생각하는 것이 상대에게는 다를 수 있다는 깊은 통찰을 해야 한다. 그리고 상대를 수용하는 마음을 가짐으로써 자신에게 하나의 '공간'이 생길 수 있도록 하여야 할 것이다.

009

조화롭고 평온한 마음을 위한
우리의 태도

우리는 육감의 세계를 얘기하면서, 우리의 마음이 꼭 갖고자 하는 열망으로 정신을 집중한 상태일 때, 자신의 '파장 주파수'는 이理의 세계 '파장 주파수'와 일치하기 때문에 이理의 세계로부터 이치를 터득할 수 있다고 했다. 우리의 마음이 이理의 세계와 일치했다는 것은 우리의 마음이 잡다한 생각 없이 평온한 마음이 되었다는 것이고 이 평온한 마음이 이理의 세계로부터 이치를 받을 수 있는 채널 역할을 한 것이다.

우리의 마음이 번뇌와 갈등, 그리고 걱정스러운 문제 같은 부정적인 생각과 감정으로 채워져 있으면, 이것이 장애물이 되어 이面의 세계로부터 원하는 지침을 받을 수 있는 채널이 막혀 버린다. 이는 문제 해결이 되지 않고, 성공이 일어나지 않는 주된 원인이다. 오히려 공명 현상에 의해 달갑지 않은 부정적인 일들을 끌어들일 수 있다. 때문에 성공을 이끌어 내기 위해서는 반드시 조화롭고 평온한 마음을 가져야 한다.

평온한 마음을 유지하기 위해서는 지금까지 서술한 부정적인 생각을 제거하는 노력과 더불어 일상적인 현상에 대하여 우리가 바라보는 태도를 바꿈으로써 갈등을 일으킬 수 있는 여지를 갖지 않는 환경을 스스로 만들어나가는 것이 중요하다. 이는 일체의 세상사에 걸림 없이 자유롭되 분명한 자기 원칙을 가지고 스스로를 관리해야 한다는 것이다. 이에 대한 일상적인 생활 속 사례는 다음과 같다.

1) 있는 그대로의 현실을 받아들이고 항상 겸허해라

있는 그대로의 상황을 받아들이지 못하면 역경은 사람을 비굴하게 만든다. 반대로 상황이 좋을 때는 자만하게 된다. 따라서 역경의 상황이든, 잘 풀리는 상황이든, 이를 있는 그대로 받아들여라. 그리고 상황에 상관없이 항상 겸허한 태도를 가져라.

2) 세상과 남들의 눈치를 볼 필요성을 버리라

자신의 중요성을 내보이려는 태도 즉, 세상을 의식하고 남들의 눈치를 보는 행위로 스스로를 괴롭히지 말라. 그러면 모든 것이 만족스럽고 있는 그대로의 자신인 '온전한 자신'으로 남는다.

절대적 자아와 이기理氣경영

3) 자신의 결점과 부족함을 받아들이라
그리고 비전을 일으켜라

자신의 결점과 부족함을 있는 그대로 받아들였을 때, 그로부터 비전을 일으킬 수 있는 환경이 만들어진다. 하지만 자신의 결점과 부족함으로 갈등을 일으키며 스스로를 괴롭히면 부정적인 상황을 끌어들이게 된다.

4) 자신은 자기 자신으로,
다른 사람은 그들 자신으로 존재하도록 해라

예를 들면, 여러 사람들이 한데 모여 식사를 할 때도 각자 취향의 차이가 있다. 취향의 차이는 차이대로 받아들이고 각자의 취향대로 즐기면 된다. 마찬가지로 내가 생각하는 방식과 다른 사람이 생각하는 방식이 다르다고 해서 비난하거나 배척할 필요는 없다.

생각의 차이 때문에 다투는 일에 과연 무슨 득이 있는지, 스스로를 돌아봐라. 자신은 자기 자신으로, 다른 사람은 그들 자신으로 존재하도록 내버려 둬라. 그러면 아무런 불편 없이 평화롭다. 그리고 이러한 태도는 진정 상대를 존중하는 태도다.

5) 상대에게 강요하지 말라

상대에게 도움이 되는 것을 권유할 수는 있어도, 강요해서는 안 된다. 강요는 일종의 폭력이다. 그리고 권유도 정도를 넘으면 강요가 되어 갈등만 일으킬 뿐, 어느 누구에게도 득 되는 일이 없다.

절대적 자아와 이기理氣경영

6) 상대를 변화시키고 바꾸려 하지 말라

사람은 오직 자신만이 스스로를 변화시키고 바꿀 수 있을 뿐이다. 상대를 변화시키고 바꾸려는 시도는 갈등과 고통만 만들어 낼 뿐 불가능한 일이다. 불가능한 일로 자신과 상대를 괴롭히지 말라.

7) 세상과 남을 비판하거나 비난하지 말라

세상에 일어나는 일로 비판하거나 비난하지 말라. 마찬가지로 상대를 비판하거나 비난하는 행위를, 비록 그것이 정당하다고 생각되더라도 삼가하라. 상대가 비난과 비판을 받을 수 있는 점이 있다면, 마음 안에 티끌 하나 남기지 말고 모두 용서하라.

8) 스스로 자신을 속이는 행위를 하지 말라

어떤 경우이든 자신을 정당화하려는 마음을 버려라. 스스로를 구차하게 만들며, 당당하고 떳떳하지 못한 사람이 되게 한다.

9) 먼저 상대의 입장에 서서 보라

무엇이든 상대에게 말을 건네기 전에, 상대의 입장에 서서 그 사람이 나의 말을 어떻게 받아들일까를 먼저 생각하라. 그러면 불필요한 오해가 일어날 일도 없고, 상대가 원하는 것과 내가 전하고자 하는 것이 일치할 수 있다.

절대적 자아와 이기理氣경영

10) 가진 것이 있을 땐 베풀어라

베풂은 '풍요'의 마음이다. 그러나 자기 사정을 넘어서 원칙 없이 베푸는 것은 허세로서 '결핍 의식'이다. 결핍은 결핍을 불러온다. 진실 된 마음으로 베풀라.

11) 진정한 행복은 '아무 탈 없음'이다

우주는 절대 균형과 조화의 법칙에 의해 운행되고 있다. 이는 우주가 스스로의 안정을 유지하기 위함이다. 때문에 '달도 차면 기운다'는 현상도 있는 것이다. 마찬가지로 우리 인간의 삶도 상반된 성질이 서로 균형과 조화를 이루고 있을 때가 가장 평화롭고 평온한 상태다. 행복도 이처럼 좋고 나쁨이 비슷해서 어느 한쪽으로 치우치지 않고 세상 만물에 조화되어 '아무 탈 없음'의 삶이 가장 행복한 것이다.

12) 무엇을 하든 '소중히 하는 마음'을 갖고 하라

세상 만물은 모두 우주의 창조물로서, 만물을 소중히 하는 것은 곧 자신을 소중히 하는 것이다. 무엇을 하든 '소중히 하는 마음'을 갖고 하라. '소중히 하는 마음'에는 대상과 상대에 대한 '감사'와 가식 없는 '진정한 애정'이 담겨 있다. 그리고 '감사하는 마음'은 행운과 성공을 이어주는 고리가 된다.

13) 남자와 여자의 속성
– 서로 다른 세계에 살고 있는 남자와 여자

같은 인간으로 이 세상에 태어났지만, 사실 남자와 여자는 전적으로 다른 개체의 존재로써 그 성질이 판이하게 다르다. 남자의 세계와 여자의 세계, 그 각각의 속성은 완전히 딴판으로 남자는 여자를 이해할 수 없고, 여자는 남자

절대적 자아와 이기理氣경영

의 세계를 알지 못한다. 인간 세계의 남녀 간의 갈등은 바로 이런 무지에서 시작되고 있다.

이러한 남녀 간의 차이가 생기는 근본적인 원인은 여자는 안으로 끌어당기는 음의 에너지로써 모든 것이 자신을 향해 집중되어 있기 때문에 무엇을 하든 여자의 세계에는 '자기 자신'이 있다. 남자는 밖으로 퍼져나가는 양의 에너지로써 세상을 향하여 활동력을 갖기 때문에 남자의 세계에는 '세상'이 있다. 남자의 세계 속에는 '세상'이 있기 때문에 그들은 세상에서 그들의 목적을 이루는 능력을 발휘하여 자기 존재를 확인하며 자기만족을 한다. 반면에 여자의 세계에는 '자기 자신'이 있기 때문에 상대인 남자로부터의 관심을 통해 자기만족과 자기 존재를 확인한다. 상대인 남자로부터 관심을 받지 못하고 있다고 생각되면 참지 못하는 것이다.

각자의 이런 속성은, 생각하고 느끼고 반응하고 행동하는 것 등 생활 전반에 걸쳐 모든 것을 다르게 한다. 상대에게 얘기를 할 때 여자는 감정 표현을 한다. 자기감정을 충분히 전달하기 위해 간접적이며 과장되고 이치에 맞지 않는 표현 등으로 다양하게 감정 표현을 한다. 반면에 남자는 상대에게 말을 할 때 감정 표현이 아닌 사무적인 단순한 사실을 전달한다. 즉 마음을 전달하는 방법도 여자의 '감정 표현'과 남자의 '단순한 사실 전달'이라는 다른 형태로 나타난다. 이런 속성의 차이로 남자가 여자의 말을 들을 때 그 말 속에 담긴 요구 사항을 알아채지 못하고 여자의 말을 '들리는 대로'만 들음으로써 문제가 발생한다. 여자는 상대 남자가 자기 말도 잘 듣지 않는 '무심한 사람'으로 오해를 하여 불만을 가지게 되고 남자는 이러한 여자의 태도에 도저히 납득할 수 없는 '억울함과 불만'을 마음에 담게 된다.

우리 일상생활에서 흔히 일어나는 경우를 예로 들어 말하면, 남자가 회사 일을 끝낸 뒤 사업상의 만남이나, 회사 구성원들과의 회식 등으로 늦게 들어오면 여자는 바가지를 긁는다. 이런 경우 남자들이 회사 일로 어쩔 수 없었다고 하면서 자신의 입장을 이해해 주기를 바란다. 이것은

절대적 자아와 이기理氣경영

여자의 속성을 몰라 실수하는 것이다. 여자들이 그 상황을 이해 못하는 것이 아니다. 밤늦게 혼자 집에서 기다리고 있는 자기에게 관심을 보이지 않은 것에 대한 불만을 나타내는 것이다. 늦는다고 미리 전화라도 했으면 좋았을 것을 그렇게 하지 않아 자신에게 관심을 갖고 있지 않은 것에 대한 불만을 바가지 긁는 것으로 표시하는 것이다. 이럴 때 남자들은 이유나 변명을 늘어놓기보다는 연락 못해서 미안하다면서 여자에게 애정을 표시하면서 달래면 되는 일이다.

갈등을 푸는 방법으로 또 다른 예를 들어보자. 남자는 낮에 회사에서 스트레스를 받았을 때 집에 와서는 혼자 조용히 머리를 식히고 쉬고 싶어 한다. 아니면 TV 스포츠 프로를 보면서 복잡한 머리를 비우고자 한다. 이것이 남자들의 스트레스 푸는 방식이기 때문이다. 그런데 여자는 남자에게 터놓고 얘기함으로써 언짢은 기분을 풀고 싶어 한다. 그러면서 여자들은 공감하고 함께 나누는 관계를 통해서 자기만족을 느낀다. 이것이 여자들이 스트레스를 푸는 출구이기 때문이다.

이렇게 각자 서로의 입장만 생각하고 상대를 대하면, 남편은 아내가 자신의 상태는 아랑곳하지 않고 말을 많이 하면서 오히려 힘들게 한다고 생각하는 반면, 아내는 남편이 자기에게 관심도 없고 무시한다고 느낀다. 이와 같이 남자가 여자의 속성을 모르면, 남자는 여자가 자기와 같은 식으로 생각하고 느끼고 행동하리라 생각하고, 마찬가지로 여자는 남자가 자기와 같은 식으로 느끼고 말하고 행동할 것이라는 착각을 한다.

때문에 남자는 여자의 속성을 모른 채 자기식으로 이해시키려 하고, 여자도 남자의 특성을 이해하려 하지 않고 자기의 입장만을 고집하려 한다. 그럼으로써 남자와 여자는 해결될 수 없는 미궁 속에서 불필요한 싸움을 계속하고 있는 것이 지구촌 인간의 모습이다.

어느 누구의 탓도 아닌, 조물주인 신이 만들어 놓은 음과 양의 에너지의 존재가 갖는 차이(남자와 여자의 속성의 차이)로 서로 다를 수밖에 없는 속성을 이해할 때 당신은 상대

를 자기에 맞춰 변화시키려고 애쓰거나 맞서려는 대신, 상
대의 입장이나 요구를 이해하고 편하게 받아들여 조화시
켜 나감으로써 더불어 잘 지낼 수 있을 것이다.

　남자는 세상을 향해 있는 자신의 목표물만 바라보며 달
려가는 어리석음을 거두고, 가정이라는 울타리를 지키고
튼튼히 하기 위한 노력도 함께해 나가야 한다. 그렇게 함
으로써 여자가 이러한 남자의 울타리를 지키며 가꾸고 번
창시키는 것을 자기 인생의 최고의 행복으로 여기게끔 만
들어야 한다. 이것이 바로 성공적인 리더가 해야 할 지혜와
덕목이며 곧 '절대적 자아'의 모습이다.

책을 마무리 하면서

독자 여러분들께서는 이 책을 읽은 후 성공적인 리더가 되기 위해서는 지고至高의 수양을 쌓아야 된다는 생각이 들었을 것이다. 만약 세상을 수신修身하는 자세 없이 온전하게 살아갈 수 있다고 생각하는 사람이 있다면, 그 사람은 세상과 좀 더 밀착하여 살아가야 할 것이다. 하물며 조직을 운영하는 리더의 위치에 있고자 하는 사람이나, 지금 그 위치에 있는 사람의 경우에서야 굳이 그 필요성과 중요성을 더 강조할 필요가 있겠는가?

세상에는 성공적인 리더가 되기 위한 테크닉이나 재능

절대적 자아와 이기理氣경영

개발 위주로 서술된 책이 수없이 많다. 물론 어떤 면에서는 테크닉이 필요하다. 그러나 근본 바탕이 미숙한 상태에서 나오는 테크닉이나 재능은 모래 위에 성城을 쌓는 것과 다름이 없을 뿐 아니라, 이로 인하여 종국에는 돌이킬 수 없는 부정적인 상황을 끌어들일 수도 있다는 사실을 명심해야 한다.

사람은 근본을 만들어 가는 수신修身을 통해서만 올바른 성공이 펼쳐진다는 우주 자연의 원리를 결코 잊어서는 안 될 것이다. 이와 같은 성공의 원리는 시대가 바뀌어도 변할 수 없는 시대를 초월한 우주 자연의 원리이자 법칙이며, 이는 성장과 진화라는 우주의 뜻과 의지에 부합하는 우주적 삶을 이루어 '절대적 자아'를 형성한다.

우주는 절대 균형과 조화의 법칙에 근거하여 한 치의 오차도 없이 운행되고 있다. 하지만 우리 인간이 지구라는 별에 태어났다는 자체가 모두 불완전하고 불균형 상태로 태어나 번뇌와 갈등 그리고 탐욕으로 인하여 결국은 질병과 고통으로 이어질 수밖에 없는 것이 현실이고 인간의 운

책을 마무리 하면서

명이다.

한편으로 우주는 인간 개개인에게 주어진 운명을 뛰어넘어 자신의 삶을 통해 성장하고 진화할 수 있는 절대적인 우주의 힘을 우리에게 심어 주었다. 그 힘을 사용하여 성장하고 진화함으로써 창조적인 삶을 택할 것인지, 아니면 이 세상에서 성장과 진화를 멈추고 주어진 운명대로 질병과 고통으로 이어질 수밖에 없는 삶을 택할 것인지의 선택은 전적으로 독자 여러분에게 있다.

물론 이 책은 창조적인 삶을 살아가고자 하는 사람을 위한 책이다. 따라서 자신의 뜻을 이루고자 하는 사람들이 성공적으로 그 꿈을 실현시킬 수 있는 핵심 사항을 서술했다.

비록 자신이 뜻한 바를 성공적으로 이루어냈다 하더라도 이 세상에는 멈춤이라는 현상은 존재하지 않는다. 계속 전진하는 성장이냐, 나락으로 떨어지느냐의 두 가지 길이 있을 뿐이다. 때문에 자신이 이뤄낸 세계를 어떤 세찬 바람에도 흔들리지 않게 단단히 뿌리내리면서 성장해 나

절대적 자아와 이기理氣경영

가는 방편은 이 책의 후편에서 다루어질 예정이다.

독자 여러분의 이해를 위해 많은 고심을 거듭하고 거듭하면서 서술했으나, 이해되지 않는 부분이 있으면 틈틈이 여러 차례 반복하여 읽게 되면 도움이 되리라 생각한다. 본래 그 배우고 익히는 일이란 더 이상 갈 곳 없는 곳까지 가고, 마음을 비운 평온한 마음이 자리하고서야 그 보람이 나타나는 것이 자연의 이치이다.

조급한 마음으로는 아무것도 이루지 못한다. 상선약수上善若水와 같이 유연함과 강한 인내를 갖고 물 흐르듯 흘러가라. 아무쪼록 이 책으로 '인간적 자아'의 어리석음과 헛됨을 깨닫고, 창조적인 '절대적 자아'로 거듭남으로써 여러분의 인생에 뜻깊은 성공과 보람이 함께 하기를 바란다.

책을 마무리 하면서